Erich von Däniken
Zeichen für die Ewigkeit

Erich von Däniken

Zeichen für die Ewigkeit

Die Botschaft von Nazca

C. Bertelsmann

Umwelthinweis:
Dieses Buch und der Schutzumschlag
wurden auf chlorfrei gebleichtem Papier gedruckt.
Die vor Verschmutzung schützende Einschrumpffolie
ist aus umweltschonender und recyclingfähiger
PE-Folie.

1. Auflage

Umschlaggestaltung: Design Team München
Satz: Uhl + Massopust, Aalen
Reproduktionen: Lorenz + Zeller, Inning a. A.
Herstellung: Katharina Storz/Wei
Druck: Mohndruck, Gütersloh
Printed in Germany
ISBN 3-570-01730-3

INHALT

VORWORT

Nazca? Was soll das sein? Nazca – schon wieder? Ich gehöre zu denen, die sich bis vor wenigen Jahren einbildeten, fast alles über Nazca zu wissen. Ich kenne die Fach- und Populärliteratur, sämtliche Theorien und Spekulationen. In den vergangenen dreißig Jahren weilte ich unzählige Male in Nazca. Insgesamt flog ich wochenlang über die Wüste und die nahen Hügel, und zu Beginn der siebziger Jahre bin ich tagelang über die heißen Geröllfelder und rostbraunen Gesteinsschichten gestolpert. Ich glaubte die Rätsel von Nazca zu kennen. Inzwischen ist mir klargeworden, wie wenig ich – und wir alle – über Nazca weiß.

Was um alles in der Welt ist Nazca? Zuallererst ist Nazca geheimnisvoll, rätselhaft, auch unheimlich. Nazca ist überschaubar und undurchsichtig zugleich. Es ist zauberhaft, verführerisch, logisch und gleichzeitig absurd. Nazca ist wie hundert Donnerschläge gegen die Vernunft. Wenn Augen schreien könnten, in Nazca würden sie es tun. Die Botschaft von Nazca ist verhüllt und verworren, jede Theorie darüber widersprüchlich. Nazca scheint unergründlich und unlösbar, hirnverbrannt und sinnlos. Mal sind die zeichnerischen Botschaften um das heutige Städtchen Nazca kindisch, versponnen, durchweg unvernünftig und nur aus einer Laune heraus entstanden, dann wieder entzünden sich an Nazca die Schnüre der Logik, die wissen und nichts mehr glauben will.

Nazca hat sich jedem Scharfsinn entzogen. Das ist für mich kaum verwunderlich, denn der menschliche Verstand klebt hartnäckig an der Gegenwart. Geradezu zwanghaft übertragen wir unser Denken und unser Wissen auf Menschen, die vor langer Zeit lebten und deren Weltbild nicht das unsrige war. Ganz selbstverständlich nehmen wir von uns an, schlau zu sein, durchtrieben und mit kriminalistischem Scharfsinn gesegnet. Wir meinen, die wissenschaftliche Methodik führe uns unweigerlich in den Himmel der Erkenntnis. Andere Menschentypen bewegen sich in irgendwelchen parapsychologischen Welten. Sie glauben, die Wahrheit um Nazca erahnt oder »erfühlt« zu haben. Ihre Nazca-Versionen werden dogmatisiert. Nicht daran zu glauben kommt einer Sünde gleich – wenn auch einer läßlichen. So entstanden Nazca-Theorien, Nazca-Spekulationen, Nazca-Lehrmeinungen, Nazca-Dogmen, Nazca-Spinnereien und andere blödsinnige Kommentare zu Nazca, die am Ende allesamt nichts aussagen.

Nazca ist gigantisch – nicht nur von seinen geographischen Ausmaßen her. Vergleichbar der Großen Pyramide in Ägypten, ist Nazca eine der Zeitmaschinen in die menschliche Vergangenheit. Wer Nazca näherkommt, blickt in eine phänomenale Tiefe. Dort funkelt auch ein Spiegel, der ins Weltall blitzt.

NAZCA LIEGT AM HIGHWAY

Wer nicht gerne denkt,
sollte wenigstens von Zeit zu Zeit
seine Vorurteile neu gruppieren.

Luther Burbank, 1849–1926

Es war einmal ein verschlafenes Kaff irgendwo hinter den sieben Bergen in Peru. Verbunden mit der großen Hauptstadt Lima durch eine ungepflasterte, staubige Straße, die nur befuhr, wer unbedingt mußte. Denn die Straße verlief Hunderte von Kilometern durch eine trostlose Sand- und Geröllwüste. Hügel rauf, Hügel runter, dazwischen mal einige Kurven und schließlich eine kurze Bergstrecke mit gefährlich sich windenden Serpentinen. Alle zwei Stunden döste ein ärmliches Indiodorf an der Strecke: immer gerade dort, wo sich durch einen Geländeeinschnitt Wasserläufe von den fernen Anden in Richtung des Pazifischen Ozeans ergossen. An improvisierten Ständen boten die Indios kleine, dunkelgelbe Bananen, Orangen mit zäher Schale, knallgrüne Limonen und selbstgebraute Limonaden aller Farbschattierungen an. Das Leben der Dorfbewohner war bescheiden und eintönig. Neben den Baumfrüchten wurden Rüben, Kartoffeln, Zwiebeln und Baumwolle angepflanzt, und am Sonntag versammelte sich die ganze Dorfgemeinschaft in der kleinen katholischen Kirche.

Heute ist die Hälfte der Strecke zwischen Lima und Nazca eine vierspurige Autobahn, der Rest eine breit ausgebaute, gepflasterte Straße. Rund 450 Kilometer sind es ab Lima, immer südwärts Richtung Chile auf der weltberühmten »Carretera Panamericana« (in Europa bekannt als »Traumstraße der Welt«; sie durchquert den amerikanischen Kontinent in nord-südlicher Richtung von Alaska bis Chile). Die Indiodörfer an der Strecke sind geblieben, aber mächtig gewachsen. Mittels Verkehrsampeln und über Einbahnstraßen wird der Strom der Fahrzeuge durch die aus allen Nähten platzenden, abgasgesättigten Ortschaften geleitet. Restaurants, Tankstellen, Freiluftkneipen und Reparaturwerkstätten flankieren die Straße.

Aus dem verschlafenen Nest Nazca ist ein Städtchen mit Museum, Stadtpark, Geschäften und Banken geworden. Der Schulbesuch ist Pflicht. Hotels unterschiedlicher Güte werben um Touristen, Fernfahrer und Abenteurer. Die Straßenränder werden von den üblichen Reklametafeln begleitet, und draußen, am Stadtrand, liegt ein kleiner Flugplatz mit Tower und Kneipe. Für 100 bis 150 US-Dollar lassen sich die Nazca-Süchtigen über die weltberühmte »Pampa de Nazca« fliegen. So manchem wird dabei speiübel, wenn die Piloten ihre kleinen Maschinen von einer engen Kurve in die nächste zwingen. Am Ende der halbstündigen Exkursion erhält jeder Gast eine Urkunde in die Hand gedrückt. Darauf wird von der »Aero Condor« mit Datum und Unterschrift des Piloten bestätigt, daß Herr oder Frau XY die Ebene von Nazca überflogen habe.

Und doch bekommt keiner der eiligen Fluggäste die *eigentlichen Rätsel* von Nazca zu Gesicht. Weshalb nicht? Ziele der Touristenflüge sind insbesondere die sogenannten »Scharrzeichnungen« in der rostbraunen Wüstenfläche. Dort erkennt man eine überdimensionierte Spinne *(Bild Nr. 1)*, einen Kolibri, einen Affen, eine Spirale, einen Fisch, dazwischen schnurgerade, schmale Linien und an

1

den Berghängen diverse Strahlenköpfe. Schließlich auch noch vereinzelte Bodenmarkierungen, die wie gewaltige Start- und Landepisten aussehen. All dies läßt sich nur vom Flugzeug aus beobachten. Auf dem Boden ist kaum etwas auszumachen.

Ich fragte den Chefpiloten der »Aero Condor«, Eduardo Herran, weshalb die Touristen nicht auch über das Ingeniotal und in die Berge geflogen würden.

»Man hat uns angewiesen, hauptsächlich die Scharrzeichnungen zu überfliegen. Dies wäre für die Touristen von Interesse. Zudem würden die Flüge zu teuer, wenn wir stundenlang in der Gegend rumkurven sollen.«

Ich bin rumgekurvt – tagelang.

Rückblende

Im Frühjahr 1927 arbeitete der peruanische Archäologe Toribio Mejia Xesspe in einem kleinen Seitental des Rio de Nazca. Dort lagen vereinzelte Ruinen aus vorinkaischer Zeit. Er kletterte den Hang hinauf, weil er weiter oben noch andere solcher Relikte vermutete, und blickte bei einer Verschnaufpause hinunter auf die »Pampa de Chiquerillo«, die »Pampa de los Chinos« und die »Pampa de Nazca«. Irgend etwas schien ihm seltsam. Dort, in dem schwärzlich-braunen Wüstengebiet unter ihm, zeichneten sich hellere und pfeilgerade Linien ab. Doch vorerst schenkte er diesen Bodenmarkierungen keine besondere Beachtung. Vermutlich handelte es sich um alte, präkolumbische Wanderpfade. Erst im Jahre 1940, nachdem er zwei der Linien abgeschritten hatte, schrieb Toribio Mejia Xesspe einen Artikel über seine Entdeckungen.[1*] Es war die erste Veröffentlichung über die Linien von Nazca.

22. Juni 1941. Dr. Paul Kosok, Historiker an der New Yorker Long Island University, bestieg ein einmotoriges Sportflugzeug, um zwischen den Ortschaften Ica und Nazca nach Wasserkanälen zu suchen. Er wußte, daß sowohl die Inka als auch schon Stämme vor ihnen regelrechte Versorgungsleitungen angelegt hatten, die aber immer wieder irgendwo verschwanden. Er hoffte, diese antiken Wasserrinnen aus der Luft leichter ausfindig machen zu können. Außerdem war ihm seit zwei Jahren bekannt, daß sich dort unten, irgendwo zwischen dem Flüßchen Ingenio und dem Dorf Nazca, merkwürdige Linien hinzogen,

* Diese und alle folgenden hochgestellten Ziffern verweisen auf das Literaturverzeichnis auf Seite 233 ff.

als ob sie in den Boden gekratzt worden seien. Hatten die Linien vielleicht etwas mit dem Leitungssystem zu tun?

Der Spätnachmittag war klar wie alle Tage in diesem Gebiet. Sosehr Dr. Kosok auch seine Augen anstrengte, er sah nur eine rostbraune Fläche unter sich, bis das Flugzeug der sich nach Nazca emporwindenden Straße folgte. Plötzlich, drei Kilometer hinter der Kurve, die vom Ingeniotal in die Pampa von Nazca mündete, bemerkte Dr. Kosok zwei schmale, parallel verlaufende Linien im dunkelbraunen Untergrund. Was konnte das sein? Kosok bat den Piloten, umzudrehen und den Linien zu folgen. Sie verliefen von einem Hügel zwei Kilometer über die Pampa und endeten in einer regelrechten Landepiste. Kosok schätzte die Piste auf etwa 30 Meter Breite und gut einen Kilometer Länge. Das durfte doch nicht wahr sein! Wer sollte hier in dieser vollkommenen Einöde eine Start- und Landebahn angelegt haben? Kosok wurde nervös und ließ umdrehen. Nach wenigen Minuten in der Gegenrichtung brummte die Maschine über eine perfekte Spirale, die neben einer offenbar noch breiteren Piste lag als der zuvor gesichteten. Einen Kilometer südlich davon erkannte Kosok die Konturen eines Vogels mit einer Flügelspannweite von etwa 200 Metern und gleich daneben schon wieder eine Piste. Aufgeregt ließ Kosok den Piloten Runde um Runde drehen und die Flughöhe verringern. Da lagen, sich deutlich gegen den Untergrund abhebend, eine große Spinne und schließlich die Umrisse eines Affen mit geringeltem Schwanz. Von einem schräg himmelwärts gewandten Berghang grüßte eine 29 Meter hohe Menschengestalt mit erhobener Hand, und an kleineren Hügeln klebten strahlenbekränzte und mit Helmen versehene Gesichter. Dr. Paul Kosok hatte eine Zufallsentdeckung gemacht: das rätselhafteste Bilderbuch der Menschheit.[2, 3]

Nachdem er wieder festen Boden unter den Füßen hatte,

suchte Kosok Rat bei den Archäologen. Die wußten nichts von der Sache, und eines war ohnehin klar: Start- und Landepisten konnten es nie und nimmer sein, weil weder die Indios noch die Inka, geschweige denn irgendwelche vorinkaische Gruppen, die Fliegerei beherrschten. So tat man die Linien als »alte Inkastraßen« oder »Prozessionswege« ab. Sogar die Theorie von irgendeiner kuriosen Religion kam auf. Schließlich betrieben die Indiostämme allen möglichen magischen Zauber.

Jahre vergingen. Inzwischen war die deutsche Geographin und Mathematikerin Maria Reiche (ausgebildet an der Universität Hamburg, Staatsexamen an der Technischen Hochschule in Dresden) nach Peru gereist. Frau Reiche wußte nichts von den seltsamen Linien bei Nazca, ihr Interesse galt den Ruinen im Andengebiet. Insbesondere suchte sie nach kalendarischen Verbindungen der in Peru recht zahlreichen *Intihuantanas* (Sonnenbeobachtungsstätten). Ob Zufall oder Fügung, in Peru traf Frau Reiche auf Dr. Paul Kosok, der ihr begeistert über die seltsamen Bodenmarkierungen von Nazca erzählte. Die junge Deutsche, engagiert im Kalenderwesen und bestens ausgebildet, schien für Kosok die geeignete Person zu sein, um dem Rätsel Nazca auf die Schliche zu kommen.

Auf Veranlassung von Paul Kosok begann Frau Reiche im Jahre 1946, sich mit Nazca zu befassen – zunächst nur nebenbei. Doch bald schon erlag sie der Faszination, die von den Bodenzeichen ausging. Da war etwas, das Aufklärung geradezu herausforderte. Direkt an der lausigen Straße, die vom Ingeniotal nach Nazca führte, lag eine bescheidene *Hacienda* (landwirtschaftliches Anwesen), und die Besitzer erlaubten Frau Reiche, dort einen Raum zu beziehen. So wurde ein Zimmer in der »Hacienda San Pablo« für Jahre zum Forschungsquartier der unermüdlichen jungen Deutschen. Heute steht unweit davon das

»Museo Maria Reiche«. Ein Raum ist als damalige Behausung der Forscherin eingerichtet, sie selbst als Wachsfigur inmitten von Karten und Plänen, mit denen die Wände tapeziert sind *(Bild Nr. 2)*. Die anderen Museumsräume zeigen recht eindrucksvolle Schwarzweißfotografien aus jener Pionierzeit.

Zuerst versuchte Frau Reiche, sich einen Überblick über das Liniengewirr auf der Wüstenfläche zu verschaffen. Mit Strohhut und Zeichenblock bewaffnet, wanderte sie in der glühenden Hitze umher, legte Markierungen an und begann, die ersten Zeichnungen anzufertigen. Ihr wurde bald klar, daß Luftaufnahmen unerläßlich waren. Bekannte schufen eine Verbindung zum »Servicio Aerofotografico National«, einem Ableger der peruanischen Luftwaffe. Die Herren Piloten und Offiziere waren nicht nur an der Sache interessiert, sondern auch noch sehr hilfsbereit. So kamen die ersten Aufnahmen und Vermessungen aus der Luft zustande.

2

Damals, Mitte der fünfziger Jahre, verglich selbst Frau Reiche die pistenartigen Linien mit einem Flugplatz. Sie erwähnte es später in ihrem Büchlein *Geheimnis der Wüste*[4]:

»Dann wird er [der Fluggast] von oben auf flachem Wüstengelände auf Hochterrassen und an Berghängen riesige Drei- und Vierecke entdecken, deren wie mit einem Lineal gezogenen Umrisse helle Flächen umgrenzen, die sich gegen den dunklen Untergrund scharf abheben. *Einige könnte man für Flugplätze halten!*« (Hervorhebung von mir.)

Als ich 1968 in meinem Buch *Erinnerungen an die Zukunft*[5] sinngemäß das gleiche sagte – dies zu einem Zeitpunkt, als es Frau Reiches Buch noch gar nicht gab –, wurde ich in der Luft zerrissen. Welch eine schreckliche Sünde hatte ich da begangen! Zitat: »Uns vermittelt die 60 Kilometer lange Ebene von Nazca – aus der Luft betrachtet – eindeutig die Idee eines Flugplatzes.« Und: »Ist die Vermutung abwegig, daß die Linien angelegt wurden, um den ›Göttern‹ anzuzeigen: Landet hier!? Es ist alles vorbereitet, wie ›ihr‹ es befohlen habt! Mögen die Erbauer der geometrischen Figuren nicht geahnt haben, was sie taten. Vielleicht wußten sie, was die ›Götter‹ zum Landen brauchten.«

Seit diesen wenigen Zeilen, veröffentlicht vor nahezu drei Jahrzehnten, geschrieben schon zwei Jahre früher, werden mir in allen nur denkbaren Medien Sätze in den Mund gelegt, die ich nirgendwo publiziert, nirgendwo gesagt habe. Gott sei Dank bin ich frei von jedem Verfolgungswahn, und ich glaube auch nicht an irgendwelche dummen Verschwörungstheorien. Dennoch stimmt es schon nachdenklich, wie ausgerechnet die »seriösen« Medien und die wissenschaftlichen Publikationen einen Unsinn verbreiten, der zwischen Fuß und Sohle keinen Platz hat. Es ist geradezu ein Schulbeispiel dafür, wie Äußerungen falsch interpretiert werden und in die Pressearchive wandern, um bei jeder Gelegenheit erneut falsch zitiert zu werden. Der junge Erich von Däniken schrieb 1966: Aus der Luft betrachtet, vermittle die Ebene von Nazca die Idee eines Flugplatzes. Potztausend! Die junge Forscherin Frau Maria Reiche sagte nichts anderes.

Zusätzlich versichern die gesamte Wissenschaftspresse und alle wissenschaftlichen Publikationen, die ich kenne – und das sind nicht wenige –, im Brustton ehrlicher Entrüstung, ich habe behauptet, die Ebene von Nazca sei der »Bahnhof« für Weltraumschiffe gewesen. Hier ein Beispiel aus einer neueren wissenschaftlichen Revue[6]:

»Zu Beginn der siebziger Jahre kam ein gewisser Erik von Däniken [Erik mit »k«!] und verkündete, es handle sich um Pisten für Weltraumschiffe. Seine Pseudobeweise seien Bilder von Geoglyphen, welche frappante Ähnlichkeit mit modernen Startpisten hätten. Er fügte noch dazu, es sei unmöglich, Zeichen von derartiger Größe ohne die Hilfe von Flugmaschinen herzustellen.«

Von derartigen und ähnlich plumpen Enten wimmelt es nur so in der Wissenschaftsliteratur. Nicht nur, daß keiner dieser Schlaumeier mein Buch, geschweige denn meine nachfolgenden Bücher[7,8,9] gelesen hat und einer den Unsinn vom andern abschreibt – es werden auch noch auf böswillige Weise Aussagen hinzufabuliert, die bei mir nirgendwo zu finden sind. Wie kann man es mir da verübeln, wenn ich meinerseits nicht einen einzigen dieser Wissenschaftsjournalisten und -autoren ernst nehme! »Erfolg ist so ziemlich das letzte, was einem vergeben wird« (Truman Capote).

Nachdem die peruanische Luftwaffe Frau Reiche Unterstützung gewährt hatte, beteiligte sich auch das Unterrichtsministerium mit bescheidenen Hilfen. Später kamen die amerikanische »Wenner-Gren-Foundation« und die Deutsche Forschungsgemeinschaft dazu. In den darauffolgenden Jahren schlossen sich noch weitere Institutionen mit spärlichen Beiträgen an. Es war zu wenig für ein großangelegtes Forschungsprojekt, doch genug, um weitermachen zu können. Die tapfere Frau Reiche schleppte eine zwei Meter hohe Aluminiumleiter durch die Wüste, stäubte die Bodenzeichnungen mit Kreidepuder aus und schaffte auf diese Weise die Voraussetzungen für die ersten Nahaufnahmen. Schließlich begann sie, die Figuren zu vermessen und maßstabgetreu nachzuzeichnen.

Bald wurde Frau Reiche klar, daß die Scharrzeichnungen nicht nach dem Zufallsprinzip irgendwo in der Landschaft angelegt worden waren, sondern planmäßig stets an jenen Stellen auftauchten, an denen sich »mehrere gerade Linien gegenseitig überschneiden«[4]. Auch gab es beispielsweise nur *einen* Affen, nur *eine* Spinne, nur *einen* Wal, nur *einen* Hund, nur *einen* Leguan, aber über 20 Vogelfiguren. Die Menschen der Vorzeit, welche die Figuren in den Boden kratzten, mußten eine Vorliebe für Vögel gehabt haben. Und noch etwas: Im gesamten *flachen* Wüstengelände waren keine einzige menschliche Figur und kein menschliches Gesicht zu finden, wohl aber gleich mehrere davon an den schräg himmelwärts geneigten Berghängen im Gebiet von Palpa, nahe bei Nazca. Es handelt sich um mehrere Menschenköpfe, aus denen Strahlen hervorbrechen, andere mit antennenartigen Aufsätzen und um eine 29 Meter hohe Gestalt, die mit dem rechten Arm zum Firmament weist, mit dem linken zur Erde. Ein Bilderrätsel aus der Vergangenheit. Bemerkenswert und geradezu um Entschlüsselung flehend auch die vielen geometrischen Darstellungen, die oft – aber nicht immer – mit den Tierbildern verknüpft sind. Da schert mitten aus dem Pistennetz eine anderthalb Kilometer lange, wie mit dem Lineal gezogene Linie aus, um sich mit dem knapp 60 Meter großen Affen zu verbinden. Unter den Füßen des Tieres liegen sieben große Zacken. Diese Füße weisen je drei Zehen auf, die eine Hand hat vier Finger und die andere fünf *(Bild Nr. 3)*. Vom Affenschwanz aus leitet die gerade Linie in ein geometrisches Muster über, das aus insgesamt 16 gleich großen Zickzacklinien besteht. Höhere Mathematik?

Es gibt mehr solcher Rechenaufgaben, und vielleicht inspirieren meine Bilder einen Mathematikfreak dazu, sich an des Rätsels Lösung zu versuchen.

Eine ganz besondere Knacknuß ist die Darstellung des »doppelten Labyrinths«. Da tauchen aus dem Nichts drei schmale, pfeilgerade und nebeneinanderliegende Linien auf. Jede mündet im rechten Winkel in eine breitere »Bü-

3

4

roklammer«. Fünf dieser »Büroklammern« liegen wie in Reih und Glied aufgestellte Soldaten parallel nebeneinander und sind an ihren Enden miteinander verbunden *(Bild Nr. 4)*. Von der letzten »Büroklammer« zweigt eine schmalere Linie ab, die im »doppelten Labyrinth« endet. Damit meine ich zwei nebeneinanderliegende, rechteckig gestaltete Labyrinthformen, die sowohl von außen nach innen als auch von innen nach außen begehbar sind. Doch nicht genug: Hat man diese Labyrinthlinien mit einem spitzen Stift nachgezogen, so folgen auf der anderen Seite weitere sechs »Büroklammern«, wobei die letzte wiederum mit einer schmalen Linie verbunden ist, die kilometerlang ist und sich irgendwo am Horizont verliert. Um im Bild zu bleiben: fünf langgezogene »Büroklammern« nebeneinander, dann zwei miteinander gekoppelte Labyrinthe und schließlich sechs »Büroklammern«. Und all dies untereinander verbunden. Als Kinder mußten wir oft Figuren zeichnen, ohne dabei den Bleistift auf dem Papier abzusetzen. Genauso ist es mit dem »doppelten Labyrinth« und den »Büroklammern«.

Auf der Geisterbahn

Nun wurden die meisten dieser merkwürdigen Gebilde nicht isoliert im Gelände angelegt. Sie sind auch über große Distanzen untereinander verknüpft. So erstreckt sich auf der »Pampa de Jumana«, direkt nach der zweiten Straßenkurve, über die man aus dem Ingeniotal kommend das Plateau der Pampa erreicht, ein gewaltiges Netz von breiten Pisten und schmalen Linien. Von den Pisten und trapezartigen Flächen im Boden führen schmale Linien ins Endlose. Die längste bislang entdeckte Linie mißt nicht weniger als 23 Kilometer. Verrückt! *(Bild Nr. 5.)*

Eine Dreifachlinie südlich von Palpa macht besonders neugierig, fordert Erklärungsversuche förmlich heraus. Auf den ersten Blick glaubt man, es handle sich um nur zwei Linien, die irgendwo im Gelände beginnen und wie Wagenspuren in zwei Meter Abstand parallel nebeneinander verlaufen. Bei näherer Betrachtung jedoch stellt sich heraus, daß man einer optischen Täuschung aufgesessen ist. Nur der rechte Streifen der »Wagenspur« besteht aus *einer* Linie, die linke Spur ist aus zwei haarscharf nebeneinander gezogenen Streifen zusammengesetzt. Der Abstand beträgt gerade mal zehn Zentimeter. Also eine »Wagenspur« mit drei Rädern? Links zwei dicht nebeneinander und rechts – nach zwei Metern – das dritte Rad? Alles andere als eine »Wagenspur«, denn die drei Linien laufen

5

von der Wüstenfläche aus schnurstracks über Schründe und Einschnitte auf die Spitze des nächsten Hügels. Distanz: rund 2,5 Kilometer. Und was befindet sich auf der Hügelkuppe, wo die Linien enden? Nichts. Zumindest weiß man bis heute nichts, weil keinerlei Bohrungen durchgeführt werden, geschweige denn chemische Analysen. Doch davon wird noch die Rede sein.

Nach Tiefenbohrungen verlangen auch andere Kuriositäten auf dieser Ebene des Aberwitzes. Da treffen zwei 50 Meter breite Pisten leicht schräg abgeneigt aufeinander. Und von allen Seiten streben schmalere Linien auf den mittleren Berührungspunkt zu *(Bild Nr. 6)*. Auf Anhieb zählte ich 21 davon. Was befindet sich im Zentrum? An einer anderen Stelle laufen unzählige schmale Linien aus sämtlichen Richtungen wie ein Strahlenkranz auf das Ende

6

einer Piste zu. Nicht etwa kleine, fünf Meter lange »Strahlen«, sondern Hunderte von Metern lange und vereinzelt auch kilometerlange Strahlenfiguren sind es, die sich an einem Punkt mit dem Ende der Piste vereinigen. Was gibt es dort so Wichtiges? Ließe sich im Zentrum vielleicht irgend etwas meßtechnisch aufspüren? Liegt ein Rätsel darunter?

Selbst Rucksacktouristen, die sich das Geld für einen Flug über die Ebene sparen möchten, können einen derartigen »Strahlenhügel« in Augenschein nehmen. Er liegt direkt an der Straße, ziemlich genau 22 Kilometer vor dem Städtchen Nazca. Nun ist das Betreten der eigentlichen Ebene von Nazca strikt untersagt, doch dies gilt nicht für die kleine, unübersehbare Erhebung rechts am Straßenrand. Ihre Spitze liegt 512 Meter über dem Meer, sie überragt die Straße nur um 34 Meter. Trotz der lächerlichen Höhendifferenz lohnt sich die Besteigung der Anhöhe *(Bilder Nr. 7 + 8)*. Wer direkt über die Straße Richtung Norden schaut, bemerkt zwei nebeneinanderliegende Linien und 20 Meter daneben nochmals ein Linienpaar. Beide Linienpaare streben dem Hügel entgegen. In der Gegenrichtung münden die rechts verlaufenden Parallellinien nach drei Kilometern in eine Piste, die linken Linien berühren nach 2,5 Kilometern die sogenannte »Libelle« und treffen dann ebenfalls auf eine Piste von 1,3 Kilometern Länge. Um diese Pisten zu erkennen, ist allerdings ein Feldstecher oder ein starkes Zoomobjektiv vonnöten, denn die 34 Meter Höhendifferenz zur Pampa sind zu gering, um eine bessere Fernsicht zu gewährleisten. Diese beiden Linienpaare sind aber nicht die einzigen, welche auf das Hügelchen zulaufen. Von fast allen Seiten tauchen Einzellinien aus dem Nichts auf und enden unter den Füßen. Was verbirgt dieser Hügel? Weshalb ist seine Position etwas Besonderes? Ist je ein Loch hineingebohrt, eine Magnetfeldmessung durchgeführt worden?

Unnötig, meinen die selbsternannten Nazca-Kenner, von denen kaum einer länger als 48 Stunden vor Ort war – wenn überhaupt! Die Geheimnisse um Nazca sind doch längst gelüftet. Ich möchte belegen, daß wir gar nichts wissen und daß das wenige, was wir zu wissen glauben, auf verkehrten Anschauungen, falsch interpretierten Meßdaten und einer Kette von Vorurteilen beruht.

Linien, die auf Hügel zulaufen, sich auf der Hügelwand kreuzen oder abrupt enden, gibt es mehrere. Der Irrsinn scheint endlos zu sein. Am unbegreiflichsten für mich ist jene Piste, die in ihrer gesamten Breite von 62 Metern einen kleinen Hügel emporklimmt, sich aber von der Hügelkuppe aus in diverse schmalere Linien spreizt. Ihre Anordnung gleicht einer Sprungschanze, auf der fünf imaginäre

7

8

Skifahrer nebeneinander hergleiten, um sich auf der höchsten Stelle in fünf Richtungen zu verteilen *(Bild Nr. 9)*. Dabei zieht sich die mittlere der schmalen Linien volle zehn Kilometer durch die Pampa.

Die Vielfalt von Figuren, Pisten und Linien ist grenzenlos. Man kommt sich vor wie im Tollhaus oder auf der Geisterbahn der Sinnesstörung. Dabei sollte man, um angesichts des Wirrwarrs nicht allzu konfus zu werden, vier prinzipielle Darstellungen auseinanderhalten:

1. die Pisten: Das Wort »Piste« muß nicht »Start- und Landebahn« bedeuten, doch dieser Eindruck drängt sich geradezu auf. Er umfaßt auch die »Rollbahnen«, die auf die Pisten zuführen. Auch das Spanische kennt kein anderes Wort. Sowohl die Bewohner als auch die Piloten von Nazca sprechen stets von *»las pistas«*.
2. die schmalen Linien: Etwa einen Meter breit, sind sie meistens mit den Pisten verbunden und kilometerlang.

9

Die längste bislang entdeckte mißt 23 Kilometer über Berg und Tal. Von dieser schmalen Linienart gibt es mehr als 2000!

3. die geometrischen Figuren: Hierbei handelt es sich um Zickzacklinien, »Büroklammern«, Spiralen oder seltsame Muster. Sie sind manchmal mit Tierdarstellungen verknüpft – zum Beispiel mit dem Affen –, manchmal über oder unter den Pisten liegend.
4. die Scharrzeichnungen: Dies sind die Bilder von Vögeln, vom Leguan, Wal, Hund, Affen, von der Spinne oder der Blume. Bislang sind 32 dieser Scharrzeichnungen bekannt. Man nennt sie so, weil sie – so lautet jedenfalls die vorherrschende Annahme – aus dem Boden »gescharrt« wurden.

Bilder ohne Hilfsmittel?

Beim Studium der Fach- und Populärliteratur entsteht die verkehrte Meinung, das Wunder der Ebene von Nazca bestehe aus ebendiesen Scharrzeichnungen. Den gleichen völlig falschen Eindruck gewinnt der Tourist, der mit einem kleinen Flugzeug eine halbe Stunde lang über die Pampa gekurvt wird.

Dabei hat bereits Maria Reiche darauf hingewiesen, daß »die Tierfiguren nur winzige, vereinzelte Gebilde sind, hier und da eingestreut zwischen riesigen, geometrischen Zeichnungen«[3]. Um es klar herauszustellen: Die vielbeschriebenen Scharrzeichnungen sind bestenfalls ein Bruchteil der Rätsel von Nazca und im Vergleich zu den Pisten, Trapezflächen und schmalen Linien mickrig klein *(Bild Nr. 10)*. Der Fisch ist gerade mal 25 Meter, die Spinne 46, der Affe rund 60 Meter und der Kondor 110

10

Meter groß. Nur der Kolibri mißt mit seinem langen Schnabel 250 Meter.

Trotz der verhältnismäßigen Winzigkeit der Tierfiguren gegenüber den Pisten und Linien bleibt die Frage: »Wie haben sie es gemacht?« Frau Reiche weist auf die »vollkommene Harmonie in all ihren Proportionen« hin. Ausgerechnet Frau Reiche, eine ausgebildete Geographin und Mathematikerin, die viel von exakter Vermessung versteht, stellt fest:

»Die Zeichner, die diese Vollkommenheit ihrer eigenen Schöpfung nur von der Luft aus hätten erkennen können, müssen diese von vornherein in kleinerem Maßstab geplant und gezeichnet haben. Wie sie dann über große Entfernungen hin jedem Linienstück seinen richtigen Platz und seine Ausrichtung geben konnten, ist ein Rätsel, zu dessen Lösung man noch Jahre brauchen wird. Nur wer mit der Praxis eines Landvermessers vertraut ist, kann in vollem Ausmaße ermessen, was für eine Vorbildung für Menschen nötig ist, die fähig sind, den Entwurf einer Zeichnung in kleinem Maßstab unter vollkommener Wahrung der Proportionen in riesige Ausmaße zu übertragen. Die früheren Peruaner müssen Instrumente und Hilfsmittel besessen haben, von denen wir nichts wissen und die sie zusammen mit anderen Kenntnissen vor den Augen der Eroberer verbargen ...«[4]

Was für »Instrumente und Hilfsmittel«? Wer waren die genialen Lehrmeister oder Priester, die dem einfachen Indiovolk ihre geometrischen Künste demonstrierten? Und weshalb das Ganze? Man tut nichts ohne Grund, schon gar nicht, wenn es sich über eine sehr lange Zeitspanne hingezogen haben muß, was ich noch belegen werde. Wir kennen die »Instrumente und Hilfsmittel« nicht, welche für die Tierfiguren mit ihren geschwungenen Linien eingesetzt wurden. Vorgeschlagen worden sind Pfähle, an denen Schnüre in unterschiedlichen Längen befestigt waren. Auf diese Weise ließen sich Kreisbögen leicht ausziehen. Doch die Tierdarstellungen bestanden in den wenigsten Fällen aus gleichmäßigen Halb- oder Viertelkreisen. Vom Affen ließ sich lediglich der geringelte Schwanz mit der simplen »Pfahl-Schnur-Methode« herstellen. Bei dem Hund, Kolibri, Wal und anderen bislang nicht definierten Fabeltieren funktionierte die Methode nicht.

Die geraden Linien hingegen ließen sich mühelos mit Schnüren abstecken und im Gelände nachziehen. Doch weshalb dann die Zickzacklinien, »Büroklammer«-Muster, Spiralen, Labyrinthe oder uns widersinnig erscheinende geometrische Darstellungen?

Eine dieser kuriosen Formen besteht aus sechs nebeneinanderliegenden Hauptlinien, die sämtlich rund 600 Meter messen. Wie beim Labyrinth ist jede Linie am Ende mit der Nachbarlinie verbunden. Im Liniennetz drin liegt zusätzlich ein langgezogener, spitz zulaufender Pfeil von 400 Metern. Auch der Pfeil ist mit der Nachbarlinie und einem danebenliegenden Viereck gekoppelt. Würde man die gesamte geometrische Form durchlaufen, so ergäbe sich eine Wegstrecke von über fünf Kilometern Länge beziehungsweise ein Fußmarsch von der Dauer einer guten Stunde. Durchläuft man hingegen die Figur quer über alle Linien, so benötigt man hierfür gerade vier Minuten. Auf Anhieb erscheint es sinnlos, eine Distanz von fünf Kilometern abzuschreiten, wenn man doch auch in vier Minuten am anderen Ende sein kann. Vielleicht eine Art von Prozessionsweg? Wo bleiben dann die Fuß- oder Sandalenabdrücke im Trampelpfad? Am Rande dieses langgezogenen geometrischen Kuriosums liegen drei kleine Scharrzeichnungen: eine Echsenart, etwas wie ein mißglückter Baum oder, nach Frau Reiche, vielleicht »Seetang« – und ein undefinierbarer Körper, aus dem zwei Hände (oder Füße?) wachsen. Eine Hand weist fünf, die andere vier Finger auf.

Was um alles in der Welt veranlaßte diese Bodenzeichner zu solchen Darstellungen? Welches Motiv zeigt einen gemeinsamen Nenner? Wenn doch die Tierfiguren »vollkommen und in ihren Proportionen harmonisch« (Reiche) ausgelegt waren, weshalb hat dann das Miniaturmonster neben der geometrischen Form fünf beziehungsweise vier Finger? Warum besitzt der Affe lediglich drei Zehen, aber im Kontrast dazu an einer Hand vier und an der anderen fünf Finger?

Kurz vor dem Geländeabriß zum Ingeniotal liegt eine Spirale aus sechs Kreisen und einer im Zentrum verbogenen Windung. Die Größe des äußersten Kreises beträgt 80 Meter. Quer durch alle Windungen zur Mitte der Spirale

11

verläuft ein Pfad, der bereits unten im Geländeabschnitt, also etwa 50 Meter tiefer, beginnt *(Bild Nr. 11)*. Die Spirale und der Pfad müssen angelegt worden sein, bevor irgendwelche geophysikalischen Vorgänge den Geländeeinschnitt verursachten. Die Spirale ihrerseits liegt direkt am Ende einer Piste von 53 Meter Breite und 700 Meter Länge. 80 Meter *links* daneben erstreckt sich eine andere Piste von 70 Meter Breite und 720 Meter Länge. Diese Piste trifft ihrerseits im rechten Winkel auf eine »Hauptpiste« von einem Kilometer Länge und 95 Meter Breite. Verrückt? Noch lange nicht irrsinnig genug. *Rechts* der Piste, deren Ende die Spirale bildet, zeigt sich eine kleine Nebenpiste (18 Meter breit, 360 Meter lang). An ihrem Ende wartet eine Labyrinthform. Was soll's?

Drunter und drüber

Unter all den hier erwähnten Pisten spannt sich ein verwirrendes Netz von geometrischen Formen. Ich hebe das Wörtchen *unter* hervor, weil hier belegt werden kann, daß *zuerst* die geometrischen Formen angelegt wurden und erst später die Pisten *(Bild Nr. 12)*. Muß ich noch erwähnen, daß auch auf diese Pisten mehrere der schnurgeraden, schmalen und kilometerlangen Linien zulaufen?

Bedauerlicherweise existieren nur sehr eingegrenzte und äußerst unvollkommene Karten über das Nazca-Gebiet. Deren beste im Maßstab 1:10 000, herausgegeben vom Instituto Geografica Nacional, zeigt einen beeindruckenden Ausschnitt des Ingeniotals und der »Pampa de Jumana«. Auf ihr sind viele Pisten, gerade Linien und Scharrzeichnungen maßstabgerecht und auch in der korrekten Nord-Süd-Ausrichtung wiedergegeben. Und doch deckt diese Karte gerade mal ein Viertel der vorhandenen Strukturen ab. Im Herbst 1995 gelang es mir, aus einem Flugzeug 1000 hervorragende Aufnahmen zu machen. Heute suche ich ihre Pendants vergeblich im zur Verfügung stehenden Kartenmaterial. Sicher gibt es Gelände- oder Straßenkarten. Auf diesen fehlen jedoch die Rätsel um Nazca. Ich erkundigte mich bei der peruanischen Luftwaffe und bei den Piloten, welche die Touristen über das Gelände fliegen. Auch nur halbwegs vollständige Karten mit den Bodenmarkierungen existieren nicht. »Wie auch?« spottete der Chefpilot Eduardo. »Es vergeht kaum ein Tag, an dem wir nicht etwas Neues entdecken!«

Aus dem Flugzeug, dessen Tür ausgehängt war, glückte es mir, zwei kontroverse Szenerien zu fotografieren: eine klar erkennbare Piste, schätzungsweise 70 Meter breit und 800 Meter lang. An einem abfallenden Hang rechts der 12 ▷

13

14

Piste eine Spirale und dann, wie mit dem Seziermesser in die Haut geritzt, ein breites Zickzackmuster. Diese Zickzacklinie verläuft, auch für Blinde erfühlbar, *unter* der Piste hindurch *(Bilder Nr. 13 + 14)*. Demnach war zunächst das geometrische Muster angelegt worden, erst später folgte die Piste.

Auf dem zweiten Foto ist genau das Gegenteil zu sehen: die klar erkennbare Piste, die von einem Zickzackmuster überquert wird *(Bild Nr. 15)*. Diesmal sind die Zickzackverbindungen enger gezogen als auf dem ersten Bild. War jetzt zuerst die Piste da und wurde dann mit dem Muster überdeckt? Dabei bin ich mir nicht einmal sicher, ob die Zickzacklinien ursprünglich nicht doch *unter* der Piste lagen und dann durch die jahrtausendelange Verwitterung an die Oberfläche gedrückt wurden. Auch frage ich mich mehr und mehr, was die Zickzacklinien eigentlich sollten. Wozu dient irgendeine Ornamentik, wenn später ein breites Band darübergeklatscht wird, das zwei Drittel der Dar-

15

stellung wieder verdeckt? Oder handelte es sich nie und nimmer um Ornamentik? Verbirgt sich hinter den Zickzacklinien vielleicht eine längst vergessene Technologie? Etwas, das wir heute »Induktionsschleifen« nennen?

Die Frage ist ketzerisch, sie bohrt in einer Wunde, die nicht berührt werden soll. Und doch sprechen die Bilder für sich. Die breiten Zickzacklinien *unter* der Piste sind nämlich lediglich ebenfalls nur Teile des Verwirrspiels. Vier schmale Linien begleiten die Piste auf der linken Seite, daneben liegt noch eine Spirale aus fünf konzentrischen Kreisen. Rechts davon ziehen sich sechs dünne, gerade Linien, die schließlich *unter* der Piste verschwinden. Wozu benötigte irgendwer irgendwann breite Zickzacklinien und filigranschmale Streifen *unter* einer Piste? Sollte das eine Markierung sein? Eine Schrift? Eine irgendwie geartete Botschaft? Für wen, nachdem doch eine Piste darübergelegt worden war?

Also weder Botschaft noch Ornamentik, sondern schlicht ein Spiel der Zeit? Begann irgendeine Generation, die noch nicht auf die spleenige Idee kam, pistenartige Linien in die Wüste zu zaubern, zuerst mal mit geometrischen Zeichen? Nicht ahnend, daß spätere Stammesbrüder die schönen Zeichen durch eine Piste verdecken würden? In diesem Falle hätten die späteren »Pistenbauer« die Zeichen ihrer Vorfahren nicht ernst genommen. Sie haben sie teilweise mit der Piste überdeckt. Diese Theorie befriedigt auch nicht. Es war doch weiß Gott Platz genug vorhanden, um die Piste woanders anzulegen. Weshalb mußte die Piste ausgerechnet *auf* die geometrischen Linien gekratzt, gepappt, geschmiert werden? Was war an dieser Position so wichtig?

Diese Art von Gedankenspielereien ergibt aber auch aus einem anderen Grund keinen Sinn: Es existieren nämlich auch Pisten *über* den Pisten. Wie bitte?

Beleg hierfür ist eine Aufnahme während des Anflugs auf zwei Pisten, die nicht im ebenen Gelände der Wüstenfläche liegen, sondern auf einer abgeflachten Hügelkuppe im Gebiet von Palpa *(Bild Nr. 16)*. Beide Pisten beginnen fast am selben Punkt, doch spreizen sie sich in einem Winkel von 45 Grad. Ähnlich wie beim Anflug auf einen Flughafen liegen *vor* dem Pistenanfang neun schmale Linien, anzusehen wie Landemarkierungen. (Für den Betrachter: Die mittlere, hellere Linie ist nicht mitgezählt, weil sie vermutlich in neuerer Zeit durch ein Fahrzeug entstand.) Deutlich ist *unter* der rechten Piste eine ältere, viel breitere und größere zu erkennen. Ich schätze diese darunterliegende Piste auf 80 Meter Breite und 1,3 Kilometer Länge. Demnach wurde Piste auf Piste gelegt, wobei die frühere Piste weit größere Ausmaße aufwies.

Eine weitere Aufnahme zeigt dieselben Pisten aus einer anderen Perspektive *(Bild Nr. 17)*. Diesmal läßt sich das »Drumherum« sehr genau ausmachen: ganz rechts die neuere Piste, darunter die ältere, breitere. *Über* der älteren Piste verläuft kurz ein geometrisches Muster. Dieses wiederum bleibt aber *unter* der neueren Piste. Aus der optischen Beurteilung ergibt sich folgender Zeitablauf: alte Piste – geometrisches Muster – neue Piste. Mit Sicherheit läßt sich daraus schließen, daß sich die »Epoche der Pistenbauer« über eine lange Periode hingezogen haben muß. Wie lange? Die Archäologie spricht von einer Kultur, die etwa ab 500 nach Christus tätig war. Dieses Datum basiert auf einem Holzpflock, der inmitten eines Steinhaufens gefunden wurde. C14-Analysen ergaben ein Alter von 525 nach Christus (mit einer Schwankung von 80 Jahren). Darauf würde ich mich nicht allzusehr verlassen. Der Himmel mag wissen, wer im sechsten Jahrhundert unserer Zeitrechnung einen Holzpflock in den Steinhaufen setzte, als die Pisten längst vorhanden waren.

16

17

Wie alt, bitte?

Maria Reiche attestiert, der Spuk müsse sich »über Hunderte von Jahren«[4] hinweg hingezogen haben. Peruanische Autoren reden gar von 4000 Jahren, als mit der ältesten Piste begonnen worden sei.[10] Niemand weiß, was stimmt. Die spärlichen Datierungen, die vorgenommen wurden, sind widersprüchlich und allesamt angreifbar. Wer garantiert uns, daß ein Feuerchen, aus dessen Holzkohlenreste heute C14-Analysen erstellt werden, nicht viel jünger ist als die Pisten? Bei der Menge von Menschen, die irgendwann Jahr für Jahr in der Pampa arbeiteten, die Steine wegtrugen und Schnüre auslegten, müßte es von ehemaligen Feuerstellen eigentlich wimmeln. Und von Nahrungsresten oder Kleiderfetzen. Nichts davon ist da. Als ob sich die Pampa-Indios in Luft aufgelöst hätten. Nirgendwo steht ein imposantes Grabmal herum, das zu Ehren des Oberpriesters oder obersten Geometers errichtet wurde. Kein Heiligtum, kein Tempel verkündet die frohe Botschaft der Stammesfürsten. Keine Inschrift weist auf die Spur des legendären Volkes hin, das sich in der Ebene von Nazca verewigte. Es sei denn, das Liniengewirr selbst ist die gesuchte Botschaft.

Wie viele Steine müssen insgesamt bewegt worden sein? Man bedenke: Es existieren über 2000 schmale Linien, von denen einige drei, fünf, sechs, zehn und über 20 Kilometer lang sind. Dazwischen Trapezflächen, die an ihrer breitesten Stelle 80 Meter erreichen, sich dann harmonisch verengen, um nach 3,6 Kilometern in einer schmalen Linie auszulaufen. Dazu die Pisten von 30 bis 110 Meter Breite und Längen von bis zu 1,4 Kilometern. Und schließlich die Scharrzeichnungen, die rund 100 Spiralen und geometrischen Figuren. Nicht zu vergessen die Pisten *über* den Pisten, die älteren und neueren.

Beim Studium der Literatur über Nazca entsteht der Eindruck, der gesamte Arbeitsprozeß sei eine Kinderei gewesen, denn die emsigen Indios hätten nichts weiter tun müssen, als die Wüstenoberfläche von den kleineren Steinchen zu befreien. Und alsogleich sei der hellere Untergrund zutage getreten. »Ein Fußtritt genügt, um den helleren Boden darunter aufzudecken und eine dauernde Spur zu hinterlassen.«[11] Stimmt nicht und reicht nicht. Der Boden der diversen Pampas um Nazca besteht aus Schwemmland, durchzogen von eisenhaltigen Kieseln, Schiefer, Kalk und vulkanischem Material. Seit Jahrzehntausenden sind die Steine an der Oberfläche extremen Temperaturschwankungen ausgesetzt gewesen. In den Winternächten sinkt die Temperatur bis auf vier Grad Celsius, die Tageshitze steigt auf 40 Grad. Hitze und Kälte zersprengten die Steine zu Schotter, vergleichbar dem Belag zwischen den Schwellen von Bahngleisen. Zudem bringt die Hitze das Gesteinsmaterial an der Oberfläche zur Oxidation. Es nimmt eine rostbraune Färbung an. Beim Zerbersten wird Gesteinsmehl frei, das sich zum Teil absetzt, zum Teil weggeblasen wird.

Dieser geologische Prozeß läßt den Untergrund unberührt. Werden also die eisenoxidbraunen Steine entfernt, so kommt ein hellerer Untergrund zum Vorschein. Auf diese Weise entstanden die Scharrzeichnungen. Man scharrte die Oberflächensteine weg, und der gelbliche Untergrund trat zutage. Ich selbst habe dieses Verfahren an mehreren Stellen versucht. Manchmal klappt's, manchmal nicht. Der Wüstenboden ist oft derart hart, daß ein »Wegkicken« der Steine mit den Schuhen nicht weiterhilft. Es entsteht auch keine helle Spur. Andererseits ist unbestritten, daß Autos und Motorräder, die seit den fünfziger

Jahren die Pampa durchfuhren, unübersehbare, helle Furchen hinterließen. Diese gräßlichen Fahrspuren zerstörten und zerschnitten sehr oft die uralten Bodenmarkierungen. Trotz dieses gesicherten Tatbestands ist mir einiges unverständlich.

Heutzutage ist der Untergrund der Figuren, Pisten, Linien kaum heller als seine Umgebung. Alles sieht gleich aus. Es sei denn, es handelt sich um jene Figuren, deren Konturen von Maria Reiche und anderen vor Jahren mit Kreidepulver (und ähnlichem) nachgezogen oder mit Besen mehrmals gereinigt wurden. Daher ist es um so erstaunlicher, daß sich die gewaltigen Zeichen und Pisten bei Betrachtung aus dem Flugzeug haarscharf vom Wüstenboden abheben. Warum eigentlich? Jeder oberflächliche Nazca-Tourist, der den direkt an der Straße aufgestellten Metallturm erklettert, kann von der Aussichtsplattform aus fünf Linien und die Umrisse einer Piste besichtigen. Von einem Farbunterschied zwischen dem Wüstenbraun und den Bodenzeichen ist nichts zu erkennen. Da ist keine Spur von einem hellgelben Untergrund feststellbar. Ich habe bei jedem meiner Nazca-Besuche auch Aufnahmen am Boden gemacht. Nur in den seltensten Fällen wiesen die Pisten und Linien einen irgendwie erkennbaren, helleren Untergrund auf als die Gesamtfläche. Deshalb wage ich die ungezogene Frage: Was stimmt hier nicht? Warum zeichnen sich die Pisten, Linien und Trapezflächen klipp und klar auf dem rostbraunen Boden ab, wenn doch – heute! – alles aus *demselben* Braun besteht? *(Bilder Nr. 18 + 19.)* Weshalb stechen nicht nur die Konturen der Pisten, sondern auch die *gesamten Pistenflächen* gelblich-weiß aus der Pampa hervor, als ob sie einst mit Gips überzogen gewesen wären, obschon sie am Boden denselben Farbton aufweisen? Warum um alles in der Welt heben sich die rund einen Meter breiten Zickzacklinien unverkennbar

18

19

20

und deutlich aus den Pisten ab – sogar dann, wenn sie *unter* den Pisten liegen? Ist hier ein anderes Material verwendet worden? Bestanden die Pisten und Linien ursprünglich nicht nur aus weggeschobenen Oberflächensteinen, sondern zusätzlich noch aus etwas anderem?

Alles Unsinn? Nichts als überflüssige Spekulation? Nein. Ich belege es mit handfesten Beweisen.

Niemand kann bestreiten, daß *unter* der auf Seite 34 abgebildeten Piste eine Zickzacklinie verläuft. Hätten also – wie behauptet wird – die Pistenzieher lediglich ihre oxidierten Steinchen von der Wüstenfläche gekratzt, um den hellen Untergrund zum Vorschein zu bringen, so wären auch die Zickzacklinien verschwunden. Um die hellere Kalkfarbe des Untergrunds hervorzuzaubern, müssen schließlich *alle* Steine von der Piste weggeräumt werden. Weshalb bleibt dann das Zickzackmuster unter der Piste übrig? Bestand es eben doch aus einem zusätzlichen Material? Und hatte das Zickzackmuster einen ganz anderen Zweck als den, welchen von sich selbst überzeugte Archäologen in ihrem schlichten Kult-Denken vermuten?

Von diesen Fragen einmal abgesehen, mußten die Erschaffer der Botschaft von Nazca mit Sicherheit sehr viel Gesteinsmaterial zur Seite räumen, denn die Vertiefungen, in denen Linien und Pisten im Wüstenboden ruhen, betragen auch heute noch bis zu 30 Zentimeter. Oft lassen sich auch über größere Distanzen noch die Geröllanhäufungen auf beiden Seiten von Pisten und Linien erkennen *(Bild Nr. 20)*.

Wenn aber um 500 unserer Zeitrechnung mit der Schufterei auf den Wüstenflächen sowie den umliegenden Hügeln und Bergen begonnen wurde und sich die Riesenarbeit über Jahrhunderte hingezogen haben muß, dann landen wir unweigerlich am Beginn des Inka-Zeitalters um das dreizehnte Jahrhundert. Weshalb nur setzten die Inka den pompösen Kult ihrer Vorfahren nicht fort? Wieso wurde mit der Linienzieherei aufgehört? Warum wurde die gewaltige Schau, der rätselhafte »Pistenkult«, nur im Gebiet von Nazca und nördlich davon vollzogen? Zwar stößt man im Küstengebiet von Paracas (Peru) bis hinunter nach Antofagasta (Chile) immer wieder auf riesige Scharrzeichnungen an den Berghängen, jedoch Pisten und kilometerlange Linien, die darauf zuführen, gibt es nur um Nazca. Maria Reiche meint:

»Die Schöpfer der Linien wählten diese Gegend aus dem Wissen heraus, daß ihre Werke weder durch Wind noch Regen ausgelöscht würden: Der Wind bläst nur Staub und Sand weg, der sich normalerweise auf die Arbeiten legen würde, und vor Beginn der Luftverschmutzung gab es praktisch keinen Regen.«[11]

Es gibt auch heute keinen Regen – mit Ausnahme des insgesamt zehnminütigen Nieselns pro Jahr. Doch wenn die Schöpfer der Linien das Gebiet »aus dem Wissen heraus« ausgewählt haben, daß über lange Zeit nichts kaputtging, weshalb hielten sich denn die Nachfahren nicht daran und kratzten Pisten *über* die Zickzacklinien und Bodenzeichen? Der Kult, wie auch immer er geartet war, muß schließlich für die nachfolgenden Generationen von ebenso enormer Bedeutung gewesen sein, sonst hätten sie ja keine »Pisten über die Pisten« gelegt. Und nachdem sich die mühevolle Plackerei eindeutig über viele Jahrhunderte hingezogen haben muß und – ab dem Jahr 500 gezählt – bis kurz vor Beginn der klassischen Inka-Epoche um 1200 beibehalten wurde, wieso sagte denn kein Inka etwas darüber? Weshalb verlor keiner der spanischen Chronisten ein Sterbenswörtchen über die Kuriosität bei Nazca? Warum merkte auch keiner der spanischen Soldaten, Priester oder Handelsleute irgend etwas von diesem gigantischen Bilderbuch in den Wüsten um Nazca?

Ich vermute, weil die Bodenzeichnungen um Nazca viel älter sind als angenommen. Als die spanischen Eroberer eintrafen, hatten die Indios den »Kult der Pistenmacher« längst vergessen. Ihre Erinnerung lebte von den Söhnen der Sonne, drehte sich um Tempel, Befestigungsanlagen, Kalenderheiligtümer, Kriege und das tägliche Brot. Riesige Markierungen im Boden? Keiner wußte davon, keiner kümmerte sich darum.

Die Archäologie um das Wunder von Nazca wird viel zu oberflächlich – und dies im Sinne des Wortes – betrieben. Die Antworten, mit denen sich der Wissenshungrige zufriedengeben muß, sind kurzsichtig. Man beschränkt sich auf die üblichen abgedroschenen Ideen, geht der Sache nicht auf den Grund. Scharfsinnige Denker, auch wenn sie nur Fragen aufwerfen, sind unerwünscht, spezielle Analysen unnötig. Unter dem Zauberwort »Kult« wird alles katalogisiert, ja zum Wissen erhoben. Ich wage einige Fragen, weil mir die bisherigen Antworten nicht genügen.

Ein Katalog unsinniger Fragen

Was bezweckten die Erschaffer der Linien und Pisten? Die Kalendervariante ist längst vom Tisch, und die angeblich astronomischen Zusammenhänge von Scharrzeichnungen und Gestirnskonstellationen erklären, selbst wenn sie zutreffen würden, nicht den Grund für die Pistenzieherei. Woher stammen die geometrischen Kenntnisse? Welche Instrumente kamen zum Einsatz? Welche Vermessungspriester bestimmten die Fixpunkte und weshalb? In was für Karten übertrugen sie ihre Berechnungen, auf welches Material ihre Entwürfe, die später zu den überdimensionierten Scharrzeichnungen heranwachsen sollten?

Wie war die Arbeit organisiert? Wurde gleichzeitig an mehreren Stellen geschuftet oder lediglich an einer? Sind ursprünglich wirklich nur Steinchen vom Wüstenboden weggeschoben worden, oder gab es noch ein anderes Markierungsmittel? Eine Farbe? Zerbröselte Glimmerstückchen? In Wasser aufgelösten Kalk? Weshalb verschwinden Zickzacklinien und andere Muster unter den Pisten nicht, wenn doch nur die Steinchen entfernt werden mußten, um eine Piste zu erhalten? Diese Muster wären beim Wegscharren zerstört worden. Sie sind es nicht.

Welchen Sinn hatten die Pisten und Trapezflächen in unterschiedlichen Längen und Breiten, welche Gewichtigkeit der Aussage ist ihnen beizumessen? Wozu dienten die bis zu 20 Kilometer langen Linien, die punktgenau auf einige Pisten zulaufen? Wozu jene, die abrupt auf Bergplateaus enden, sich auf einer »Sprungschanze« zerteilen?

Gab es eine bestimmte Raumaufteilung? Gab es eine Planungszeit, oder werkelte jede Gruppe frisch-fröhlich drauflos? Wer organisierte das Ganze, dirigierte die Arbeitskolonnen? Wie wurde das Wasser für die Mannschaften in der glutheißen Wüste herangeschafft? Wenn eine Kolonne monatelang an einer Trapezfläche von rund drei Kilometer Länge arbeitet, müssen die Menschen den Arbeitsplatz jeden Abend verlassen und am nächsten Tag erneut anrücken. Wo blieben ihre Fuß-, Schuh-, Sandalenspuren? Es gibt nur sehr wenige Fälle, in denen sich Trampelpfade ausmachen lassen, und die liegen alle im Gebirge, und unweit davon sieht man auch noch Besiedlungsspuren. Dann aber liegen gewaltige Pisten völlig isoliert im Gelände, doch nicht der geringste Trampelpfad führt darauf zu. Wenn der Wüstenboden augenblicklich hell wurde, weil ein Schottersteinchen seinen seit Jahrtausenden angestammten Platz verlor, müßte es von Fußpfaden in der Pampa geradezu wimmeln. Einige hundert Leute, die zur

Arbeit und wieder zurückmarschieren, werden ja wohl auch die Steinchen unter ihren Füßen bewegen. Wo bleibt die Spur davon? Im Gelände selbst ist gar nichts auszumachen. Heute haben Motorräder und Autos ihre verheerenden Abdrücke im Wüstenboden hinterlassen; gelblich-weiße Spuren belegen es. Wo sind die Abdrücke der Erbauer? Auch wenn sie keinerlei Karren verwendeten, Füße werden sie doch wohl gehabt haben.

Liegt irgendein Geheimnis unter jenen Hügeln, denen diverse Linien entgegenstreben? Was verbirgt sich hinter oder unter denjenigen Punkten im weitläufigen Gelände, auf welche kilometerlange Strahlenfinger von allen Seiten zukommen? *(Bild Nr. 21)*

Weshalb werden keine Messungen mit modernen physikalischen Geräten durchgeführt? Warum kratzt niemand den Untergrund von einer Piste weg, um an die darunterliegende Zickzackschicht zu gelangen. Weshalb unterzieht man das Material keiner chemischen Analyse?

21

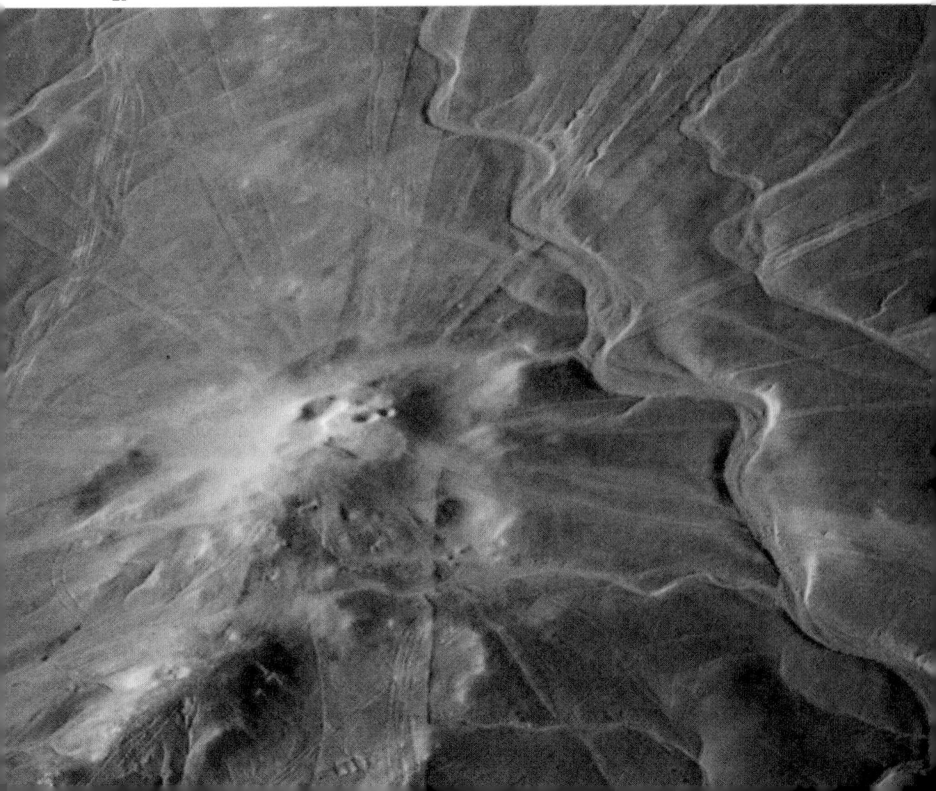

Vor langer, langer Zeit, so die Lehrmeinung, durchzogen vereinzelte Wasserläufe die Pampa. Dies ist auch auf den Luftaufnahmen deutlich zu erkennen. Warum nur versickerten die Wassermassen beidseitig der bis zu 3,6 Kilometer langen Trapezflächen und Pisten? Anders formuliert: Weshalb wurden die Bodenmarkierungen nicht überflutet? *(Bilder Nr. 22–26)* Wer nun denkt, die Wasserläufe seien *vor* den Bodenzeichnungen dagewesen, und die Linienzieher hätten ihre Pisten erst hinterher zwischen die Rinnen gelegt, ist auf dem Holzweg. Obschon die Wasserfurchen die wirklich langen Pisten nicht berühren, gibt es immer wieder vereinzelte Stellen, an denen sie es doch taten. Da muß die Bodenmarkierung *vor* dem Wasser entstanden sein. Dank unserer modernen Datierungsmethoden ließe sich schnell feststellen, welche von allen Pisten die älteste, sozusagen die Urpiste war. Man benötigt dazu nur einige Proben diverser Pisten. Weshalb interessiert das niemanden?

22

23

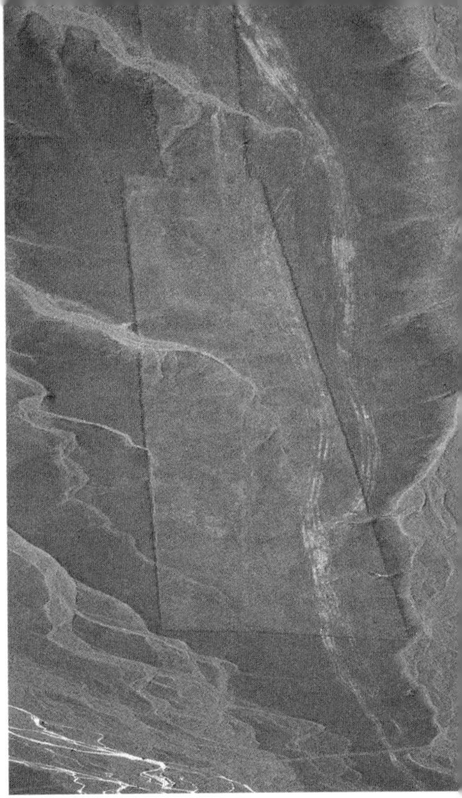

24

25

Ja, und worauf beruhte eigentlich der innere Antrieb der Menschen? Welche Art von Kult spornte sie über Generationen zu ihrer Arbeitswut an?

Der schnelle, oberflächliche Leser mag einwenden: Warum löst dann Erich von Däniken einige dieser Fragen nicht selbst? Weshalb kratzt *er* keine Piste auf, um an die darunterliegende Schicht einer Zickzacklinie zu gelangen? Weshalb gibt *er selbst* dann keine chemische Analyse in Auftrag?

Ich würde es liebend gern tun, wenn ich dürfte!

Nachdem in den sechziger und siebziger Jahren alle möglichen Hohlköpfe mit ihren Motorfahrzeugen Teile der Bodenzeichnungen verwüstet hatten, gebot die Regierung von Peru endlich Einhalt. Es war auch allerhöchste Zeit. Auf Drängen von Maria Reiche wurde die Pampa von Nazca offiziell zum »archäologischen Park« erklärt. Große Tafeln, unübersehbar an den Straßen und Zufahrtswegen angebracht, verkünden es: Das Betreten des Gebiets ist strikt verboten! Wer diese Anordnung mißachtet, wird mit einer Buße von einer Million US-Dollar belegt und zusätzlich zu einer Haftstrafe von bis zu fünf

27

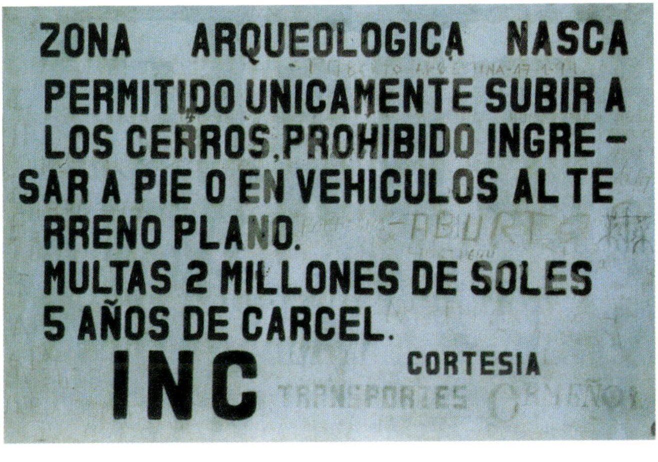

ZONA ARQUEOLOGICA NASCA
PERMITIDO UNICAMENTE SUBIR A
LOS CERROS. PROHIBIDO INGRE-
SAR A PIE O EN VEHICULOS AL TE
RRENO PLANO.
MULTAS 2 MILLONES DE SOLES
5 AÑOS DE CARCEL.
INC
CORTESIA

◁ 26

Jahren verurteilt *(Bild Nr. 27)*. Ich kann mir etwas Schöneres vorstellen als peruanische Gefängnisse. Und klammheimlich durch die Wüste zu marschieren scheitert an der Praxis. Das Gebiet ist riesig, man müßte die anvisierte Stelle mit einem Fahrzeug ansteuern. Selbst ein einsamer Fußgänger würde in dem sehr übersichtlichen Wüstengelände rasch von den kleinen Flugzeugen aufgespürt, die tagtäglich Touristen über die Scharrzeichnungen fliegen. Die Piloten sind angewiesen, jedes Fahrzeug, jede Gruppe und jeden Einzelgänger augenblicklich über Funk zu melden. An strategischen Stellen, beispielsweise beim Aussichtsturm, sind Wachen mit Motorrädern postiert. Zwei Mann rasen los und schnappen sich den Missetäter.

Wie wäre es mit einer offiziellen Bewilligung? Zuständig dafür ist das Peruanische Kulturinstitut in Lima. Dieses hat seine Unterabteilungen, auch eine Kommission zum Schutz von Nazca. Gut daran ist, daß Nazca geschützt wird. Schlecht ist, daß eine offizielle Bewilligung jahrelang hin und her geschoben wird. Daß der Gesuchsteller unzählige Fragenkataloge beantworten muß. Daß er selbstverständlich zur herrschenden Lehrmeinung stehen muß und nichts daran herumdeutelt. Da bleibt die Frage, wozu man überhaupt noch forschen soll. Dabei sind die Meinungen durchaus kontrovers, die *Lehr*-Meinung hingegen hat immer »vernünftig« und phantasielos zu sein. Immer mit dem gegenwärtigen Denken, der aktuellen Theorie verhaftet. So verkündete die amerikanische Archäologin Helaine Silverman, immerhin »Assistant Professor« der Anthropologie, vor 2000 Jahren hätten sich um Nazca diverse Familienclans zusammengetan, um die Handelswege zu beherrschen. Dabei habe sich jeder Clan als Familienwappen eine geometrische Figur zugelegt. Zur Kennzeichnung des beanspruchten Hoheitsgebietes seien dann die überdimensionierten Bilder in die Steinwüste gekratzt worden![12]

Voilà! So löst man die Rätsel von Nazca, und die Wissenschaftspresse verbreitet die Neuigkeit als gesicherte Erkenntnis. Gegen die »Familienwappen« wäre gar nichts einzuwenden, wohl aber gegen die angeblichen »Handelswege« oder das »beanspruchte Hoheitsgebiet«. Wo könnte man auf den Wüstenflächen um Nazca ein »Hoheitsgebiet beanspruchen«? Zudem liegen die »Familienwappen« oft dicht nebeneinander, sind unfertig und weisen nie und nimmer auf »beanspruchte Hoheitsgebiete« hin. Da wuchs kein Grashalm, stand kein Baum oder Busch, es gab nichts zu ernten und folglich nichts zu essen. Ich kenne die Schlaumeier, die jetzt sofort argumentieren, vor 2000 Jahren sei dies eben anders gewesen. Wirklich? Hätte die Pampa damals in sattem Grün geleuchtet, so wäre es andersherum unmöglich gewesen, die Steinchen von der trockenen (!) Oberfläche zu kratzen, um den hellen Untergrund zutage zu fördern. Entweder – oder. Zudem erklären die »Familienwappen« rein gar nichts über die Pisten. Und um der Unlogik dieser »vernünftigen« Erklärungen die Krone aufzusetzen: Wie sollen die Indiostämme denn ihre »Familienwappen« begutachtet haben? Sie sind schließlich nur aus der Luft erkennbar.

Ist es denn nicht zu schaffen, wissenschaftlich gesicherte Erkenntnisse über die Geheimnisse von Nazca zu sammeln und interdisziplinär zu analysieren? Welche Rolle spielt Maria Reiche, die große alte Dame von Nazca?

Was kommt nach Frau Reiche?

Maria Reiche hat sich redlich alle Verdienste erworben, die in Peru nur möglich sind. Es gibt Maria-Reiche-Schulen, Maria-Reiche-Straßen *(Bild Nr. 28)*, ein Maria-Reiche-

28

Museum, den Maria-Reiche-Aussichtsturm und selbst der Flugplatz von Nazca ist der Forscherin gewidmet. Frau Reiche wurde Ehrenbürgerin von Peru und vom Staatspräsidenten Alberto Fujimori mit der höchsten Auszeichnung des Staates geehrt, dem »Orden der Sonne«.

Auch in finanzieller Hinsicht stellt sich die Situation heute weit besser dar als in früheren Jahrzehnten, als Frau Reiche, allein auf sich gestellt, ihre Forschungen betreiben mußte. Heute gibt es eine (oder mehrere?) Stiftung zur Erforschung des Nazca-Rätsels. Man könnte jederzeit mit der Arbeit beginnen, wären da nicht persönliche und staatliche Hemmschuhe, die alles blockieren.

Frau Doktor Maria Reiche ist inzwischen über 90 Jahre alt. Wind und Hitze haben ihre Spuren am Körper der großen Forscherin zurückgelassen. Sie ist seit Jahren blind und fast taub. In früheren Jahrzehnten hielt sie Abend für Abend einen kurzen Vortrag für die Gäste des Hotels »Touristas« in Nazca (heute: Hotel »Lineas de Nazca«). Dann traf ihre Schwester Renate Reiche aus Stuttgart ein, um sie zu unterstützen. Renate Reiche ist Ärztin. Auch sie blieb schließlich in Nazca und übernahm die abendlichen Vorträge ihrer erkrankten Schwester. Renate Reiche ärgerte sich und zeigte dies auch in aller Öffentlichkeit, wenn es jemand wagte, die Theorien ihrer Schwester anzuzweifeln. Im Gegensatz zur zierlichen Maria war Renate robust gebaut. Sie konnte auch einiges vertragen. Sie verstarb kürzlich in Lima an einem Leberleiden.

Zurück bleibt Maria Reiche, deren Sinne heute altersbedingt etwas verwirrt sind. So fragte ich mich, weshalb denn derart viele und interessante Bodenzeichnungen in der Region von Palpa (nördlich von Nazca, doch immer noch Bestandteil des gesamten Komplexes) nicht in Maria Reiches dickem Meisterwerk auftauchen.[13] Die Antwort: Nur ein Teil des 1993 erschienenen Buches stammt aus Maria Reiches Feder. Genausowenig verstehen jene Personen, dic Maria Reiche etwas besser kennen, ihren Entschluß, eine Tochter zu adoptieren. Nicht daß dabei ein armes peruanisches Kind zu einer älteren Mutter gekommen wäre – nein, es handelt sich um die Adoption einer erwachsenen Frau.

Anna Cogorno heißt die Glückliche, die es wohl verstand, Maria Reiches Liebe zu wecken. Ich kann nicht beurteilen, welche Kräfte hier im Spiel sind, aber ich weiß, daß es auch um Maria Reiches Geld geht.

Und in der Ebene von Nazca geschieht derweil nichts. Denjenigen, die etwas tun könnten und möchten – mich eingeschlossen –, sind die Hände gebunden. Die »Reiche-Stiftung« und die Kommission zum Schutze von Nazca scheinen nicht sonderlich daran interessiert zu sein. Und neuerdings auch die adoptierte Tochter von Maria Reiche, die sich geradeso benimmt, als sei die »Reiche-Stiftung« mitsamt der Ebene von Nazca und allem Drumherum ihr persönliches Eigentum. Wie sollen ernsthafte Forscher da weiterkommen?

Unbestritten ist, daß in den Tälern um Nazca, insbesondere im Ingeniotal, über einen Zeitraum von Jahrtausenden nacheinander verschiedene Kulturen lebten. Die Archäologie spricht von »Nazca 1 bis Nazca 7«. Die Überreste von rund 500 Ortschaften sind bekannt. Ihre Datierungen reichen von 800 vor bis 1400 nach Christus. Das Gebiet um Nazca war demnach über eine lange Zeit bewohnt, Menschen von »Nazca 1 bis Nazca 7« bevölkerten die Pampa. Auch das heute bewässerte Ingeniotal strotzte einst vor Pisten, schmalen Linien und Trapezflächen. Ein Blick aus dem Flugzeug beweist es: Immer wieder bemerkt der Betrachter schmale Streifen im Gelände, die gerade brachliegen oder nicht bewässert werden. Dann tauchen sie auf, vereinzelt nur, aber gerade noch sichtbar: die Linien, die nach 100 Metern wieder vom Grün verschluckt werden. Diese Tatsache sollte uns sehr erstaunen, tut es aber nicht. Man muß sich nur mal vor Augen halten, was Jahr für Jahr im Ingeniotal geschieht: Die Felder werden künstlich bewässert und bebaut. Traktoren fahren durch das Gelände, ziehen ihre Furchen. Einige Jahre später werden bestimmte Äcker *nicht* bewässert, man läßt sie ruhen. Kaum sind die Felder ausgetrocknet, tauchen – simsalabim – die Konturen von irgendwelchen Linien wieder auf. Dies widerspricht jeder Lehrmeinung, die Pisten seien nur dadurch entstanden, daß die Schottersteinchen weggekratzt worden seien, um den helleren Untergrund hervortreten zu lassen. Übrigens findet man an trockenen Stellen des Ingeniotals noch diverse Parallellinien und Labyrinthmuster *(Bild Nr. 29)*, vermutlich nicht mehr lange: 29 ▷

Traktoren haben schon einiges »bereinigt« und setzen ihr Werk emsig fort.

Vor Jahrtausenden benötigten die Menschen Tongefäße, und die lassen sich datieren. Na also! Ist es nicht auf diese Weise möglich zu erfahren, wann die Pisten entstanden?

Neue Datierungen

Archäologen von der Universität von Illinois in Urbana, USA, haben die Pisten tatsächlich datiert. Man sagte sich, die Pistenbauer müßten schließlich auch Flüssigkeit zu sich genommen haben, und hie und da sei wohl ein Keramikkrug zu Boden gefallen. Also nichts wie hin, um nach Keramikresten zu suchen, die auch prompt gefunden wurden. Immer wieder lagen zwischen den Steinen Keramikbrösel von zerborstenen Krügen. Die große Datiererei mit über hundert Proben begann – eine mühsame und zeitaufwendige Arbeit. Entdeckte man auf einer Piste mehrere Spuren von »Nazca 1«, so mußte nach dieser Logik die Piste zur Keramik von »Nazca 1« gehören. Ärgerlicherweise fanden sich immer wieder Keramiksplitter aus *verschiedenen* Epochen. Was nun? Waren Bewohner von »Nazca 4« über die vorhandenen Pisten gestolpert und hatten ihre Wasserkrüge fallen lassen? Oder besaßen Bewohner von »Nazca 5« vielleicht von Vorfahren noch alte Krüge und Schalen, und waren *diese* beim Marsch durch die Wüste zersplittert? Ältere Keramik von jüngeren Besuchern? Jeder hatte genug davon. Andererseits konnte etwa ein Viertel der Linien und Pisten auf diese Weise überhaupt nicht datiert werden, »weil keinerlei Keramikreste gefunden wurden« oder weil »die Tonscherben derart erodiert waren, daß sie sich keiner Epoche mehr zuordnen ließen«[12].

Für meinen Geschmack läßt sich trotz dieser emsigen Datierungsarbeit wenig beweisen. Die ältesten Pisten mögen längst existiert haben, bis Nachahmer kamen und das alte Spiel wiederholten. Nazca wird damals auch ein heiliger Ort gewesen sein, etwas wie eine Wallfahrtsstätte. Schließlich war es gewaltig und einzigartig. Also trotteten während Jahrhunderten immer wieder Menschen über die Flächen, und da es unerträglich heiß war, schleppten sie Tonkrüge mit Flüssigkeit mit. Manchmal warfen müde Wanderer die leeren Gefäße weg, sie hatten nicht mehr Wert als eine heutige Mineralwasserflasche. Jetzt finden wir die Reste und konstruieren aus ihnen eine gesicherte Datierung. Ich würde eher meinen, diejenigen Pisten, auf denen mehr Tonscherben gefunden werden als auf anderen, sind vermutlich älter, weil im Verlauf von Jahrhunderten mehr Menschen Gelegenheit hatten, die uralten Pisten zu bestaunen. Nur erklärt auch all dies nicht, weshalb es bis zu 23 Kilometer lange Linien gibt, weshalb Dreifachlinien auf der Spitze einer Bergkuppe abrupt enden, oder weshalb Zickzacklinien unter bestimmten Flächen sich nicht auflösten, obwohl sie von einer Piste überdeckt wurden.

Ein anderer ärgerlicher Umstand beruht darauf, daß die diversen Archäologen und Laienforscher, die sich mit Nazca auseinandersetzen, sich eben *nur* und ausschließlich auf Nazca konzentrieren. Tatsächlich aber enthält die eigentliche Ebene von Nazca gerade mal die Imitationen einer viel älteren »Pisten-Kultur«, die sich ursprünglich über die *Region von Palpa* erstreckte. Verglichen mit Palpa, ist die Ebene von Nazca ein billiger Abklatsch, sieht man einmal von den Scharrzeichnungen und einigen wenigen Pistenansammlungen ab. Auf dem Wüstengelände von Nazca, das – notabene – nicht mal tischeben ist, sind unter anderem kitschige »Pisten« erkennbar, offensichtlich entstanden durch das Wegtragen von Steinchen. Die zieren heute die Pistenränder. Sie stellen keinerlei Rätsel dar, und jeder Laie erkennt auf Anhieb, wie's gemacht wurde.

In der Region von Palpa hingegen, gerade mal zehn Flugminuten von Nazca entfernt, starren die Bodenmarkierungen derart provozierend zum Himmel, als wollten sie uns zum Narren halten. Obschon auch von der »Ebene von Palpa« die Rede ist, besteht der kleinste Teil aus einer tatsächlichen Ebene. Palpa liegt im Gebirge, die Pisten liegen auf künstlich abgeflachten Hügeln und zwischen den »Pistenhügeln« gleich mehrere Täler. Hier ist das Geländeniveau mit seinen schroffen Abrissen genial ausgenutzt worden. Und wie in Nazca fehlen die Trampelpfade der menschlichen Ameisenheere, die einst unterwegs gewesen sein mußten.

Eine der Palpa-Pisten ist rechts und links von doppelten Parallellinien flankiert. *Darunter* streben deutlich erkennbar zwei schmale Linien im steilen Winkel auf die Piste zu. Das eine Ende dieser schmalen Linien verbindet sich in einem kurzen Bogen mit einer der Parallellinien. Und um der Provokation noch die Spitze aufzusetzen: Der Pistenanfang beginnt mit vier treppenartigen Abstufungen. Hier kann die Frage nicht mehr lauten: Was war zuerst – Pisten, schmale Parallellinien oder Abstufungen? Alles muß gleichzeitig entstanden sein, denn das Gebilde integriert einheitlich alle Elemente. Die Treppenstufen gehören genauso zur Piste wie die darunterliegende Linie, sonst würde sie nicht elegant mit der rechten Parallellinie verschmelzen *(Bilder Nr. 30 + 31)*.

Wer kann hier noch ernsthaft behaupten, Piste, Linien und Abstufungen seien durch das Wegscharren von Stein-

30

31

chen entstanden, und das ganze Gebilde sei das Wappenzeichen irgendeines Indiostammes?

Nur wenige Täler weiter wird die »Scharrtheorie« vollends absurd. Die zirka 60 Meter breite und rund 700 Meter lange Piste zieht sich über einige Bergkuppen. Um die Fläche für die Piste zu nivellieren, mußten die Bergspitzen zunächst abgetragen werden *(Bild Nr. 32)*. Bevor also irgendwer aus irgendeinem Grund die eigentliche Piste mit ihren *darunterliegenden* Zickzacklinien anlegen konnte, waren wohl Indiopioniere am Werk, um die schwere Vorarbeit zu leisten. Mit dem Wegkratzen von Steinchen war's nicht getan. Langsam wird klar, daß so vieles, was wir bisher über Nazca lasen, nur die halbe Wahrheit sein kann. Oder die halbe Unwahrheit.

Im Gebiet um Nazca gibt es Berge, die tischeben sind – geradeso, als wären sie von einem Ungeheuer abgefräst worden *(Bild Nr. 33)*. Doch die »normalen« Berge der Gegend sehen keineswegs so aus *(Bild Nr. 34)*.

32

33

34

Im zwischen der Ebene von Nazca und den Bergen von Palpa gelegenen Ingeniotal präsentieren sich zwei Pisten in modernster Manier. Vom Ende der einen Piste zweigt ein »Rollweg« rechts ab, um dann parallel zur Piste zu verlaufen *(Bild Nr. 35)*. Das breite Ende der zweiten Piste wird gleich beidseitig von »Rollwegen« flankiert *(Bild Nr. 36)*. Ob man will oder nicht: Es drängt sich das Bild einer modernen Start- und Landebahn auf. Ich frage mich immer mehr, was den steinzeitlichen Indios nur als Vorbild gedient haben mag.

Die Fahrspuren auf den Abbildungen stammen von Autos und Motorrädern aus unserer Zeit. Irgendwelche Dummköpfe konnten es nicht lassen, über die Pisten und schmalen Linien zu rattern. Erstaunlicherweise aber sucht man vergebens nach den Fußspuren der Erbauer. In der gesamten Fachliteratur wird doch versichert, die Pistenzieherei sei ein Kinderspiel gewesen. Man habe nur die eisenoxidbraunen Steinchen von der Oberfläche entfernen

35

36

müssen, um den helleren Untergrund hervortreten zu lassen. »Ein Fußtritt genügt, um den helleren Boden darunter aufzudecken und eine dauernde Spur zu hinterlassen.«[11] Das Argument, die Fußspuren der Erbauer seien über die Jahrhunderte (oder Jahrtausende) weggeblasen worden, hält einer Überprüfung nicht stand. Wären nämlich diese Trampelpfade verweht worden, so dürften auch die oft sehr schmalen Linien neben den Pisten nicht mehr sichtbar sein. Sie sind nämlich nicht breiter als Trampelpfade. Der Wind läßt ja nicht selektiv nur ausgetretene Fußpfade verschwinden und verschont selbst die schmalsten Linien. Und wer meint, die Erbauer hätten sich *innerhalb* der Pisten und Linien bewegt, der sollte zumindest mal Fußpfade zugestehen, die an *irgendeiner* Stelle auf die Pisten und Linien zuführen. Schließlich können die Pistenzieher und -zeichner kaum geflogen sein.

Die Ebene von Nazca, das teilweise begrünte Ingeniotal und die Gebirge von Palpa warten mit Knacknüssen auf, die jeder Beschreibung spotten und die in keine bisherige Theorie passen. Wie soll man sich im Gewirr der Pisten ein Einzelexemplar erklären, das mit gleichmäßig angelegten Löchern durchsetzt ist? *(Bilder Nr. 37 + 38)* Heutzutage präsentieren sich die Löcher wie kleine Steinanhäufungen, aus denen vereinzelt Unkraut wächst. Sie müssen einst eine Funktion gehabt haben, denn der Pistenanfang beginnt mit elf Löchern. Dann folgen ein Abstand ohne Löcher und schließlich ein regelrechtes »Lochstreifenband«. Es stimmt schon, daß der liebe Gott uns die Nüsse schenkte. Den Nußknacker mußten wir selbst erfinden.

Noch kurioser erscheint das riesige Pisten-Ypsilon *(Bild Nr. 39)*. Die Hauptpiste von 90 Meter Breite verzweigt sich in zwei Schrägpisten, darunter schmalere Linien, die zum »Gesamtkunstwerk« gehören müssen, denn sie sind geometrisch exakt mit dem Ypsilon verbunden.

37

38

39

Genauso unverständlich ist eine Trapezfläche, die schräg auf ein gleichschenkliges Dreieck stößt (siehe *Bild Nr. 22* auf Seite 48). Von der Spitze des Dreiecks zieht eine schmale, geknickte Linie über eine Distanz von zirka zwei Kilometern in die Ferne. Beidseitig dieser Bodenzeichnung sind die Spuren von Wasser erkennbar, das kleine Teile der Ebene von Nazca alle Jubeljahre mal überflutet. Kurioserweise ist die Bodenzeichnung davon nicht betroffen.

Oder die drolligen Streifen, die aus der Luft an eine »genetische Karte« erinnern, so unsinnig der Vergleich auch sein mag. (Sicher haben die Streifen gar nichts damit zu tun – sonst kommt noch jemand auf die Idee zu behaupten, ich hätte in den Linien von Nazca eine »Genkarte« erblickt.) Doch die Streifen sind in kleine schwarze Abschnitte unterteilt *(Bild Nr. 40)*. Die Streifen selbst sind etwa 1,30 Meter breit, und der rechte davon verläuft seltsamerweise den Abhang hinab.

Und schließlich jene Piste, welche die Piloten heute als »ET Airport« bezeichnen. Sie beginnt als breite Fläche und zieht sich, schmaler werdend, über eine Distanz von vollen 3,2 Kilometern. Über dieser Piste vollführen die Piloten heute Scheinlandungen. Aus einer Höhe von 1000 Metern sinkt die Maschine dem Pistenanfang entgegen und fliegt schließlich in drei Meter Höhe darüber hinweg. Der Eindruck für die Touristen ist fast genauso phänomenal, wie es jener bei einer Landung des Space Shuttles sein muß.

Es gibt noch mehr über die Region von Nazca, noch Geheimnisvolleres und Unbegreiflicheres zu berichten. Sogar von einem geometrischen Schlüssel, den ein weiser Mathematiker vor Jahrtausenden in den Boden gravieren ließ. Bevor ich mich damit befasse, möchte ich ein kleines Zwischenkapitel einschalten, das – wer weiß – vielleicht sehr viel mit den Schöpfern von Nazca zu tun hat.

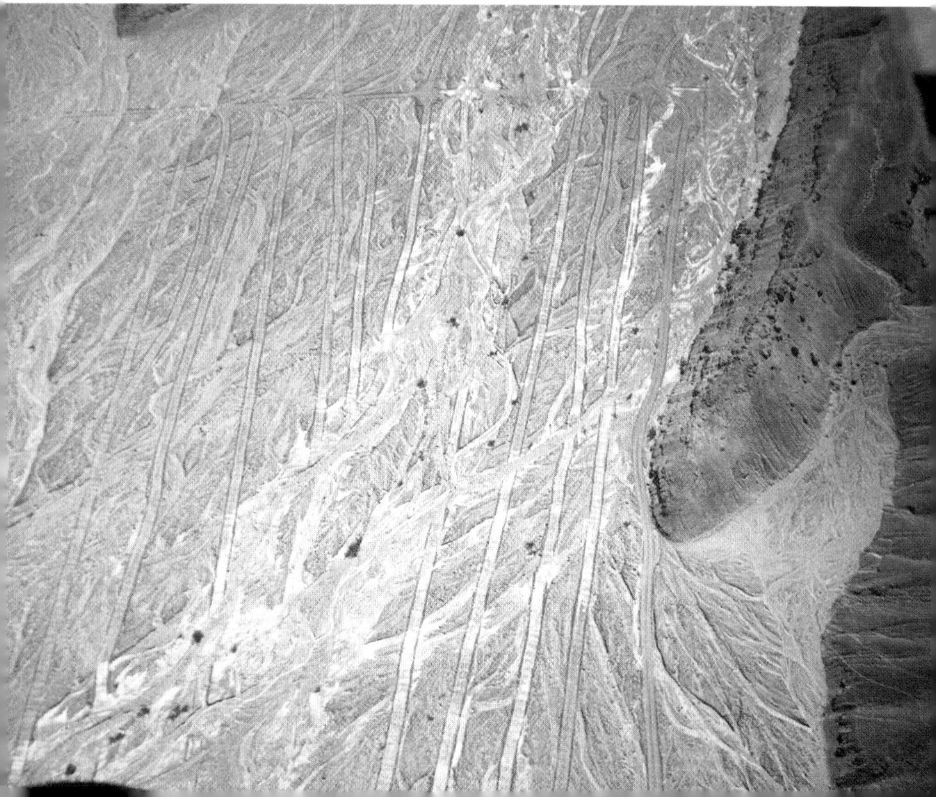

EINE MAFIA VON FÄLSCHERN?

Gerichte können kein Gerücht zum Schweigen bringen.

Johann Nestroy, 1801–1862

Nur 150 Kilometer nördlich vom Städtchen Nazca liegt die Provinzhauptstadt Ica. Dort, inmitten der Stadt an der Plaza de Armas, lebt die Familie von Dr. Janvier Cabrera *(Bild Nr. 41)*. Er besitzt eine kuriose Sammlung Tausender gravierter Steine, über die ich ausführlich in meinem Buch *Beweise*[14] geschrieben habe. Dar-

41

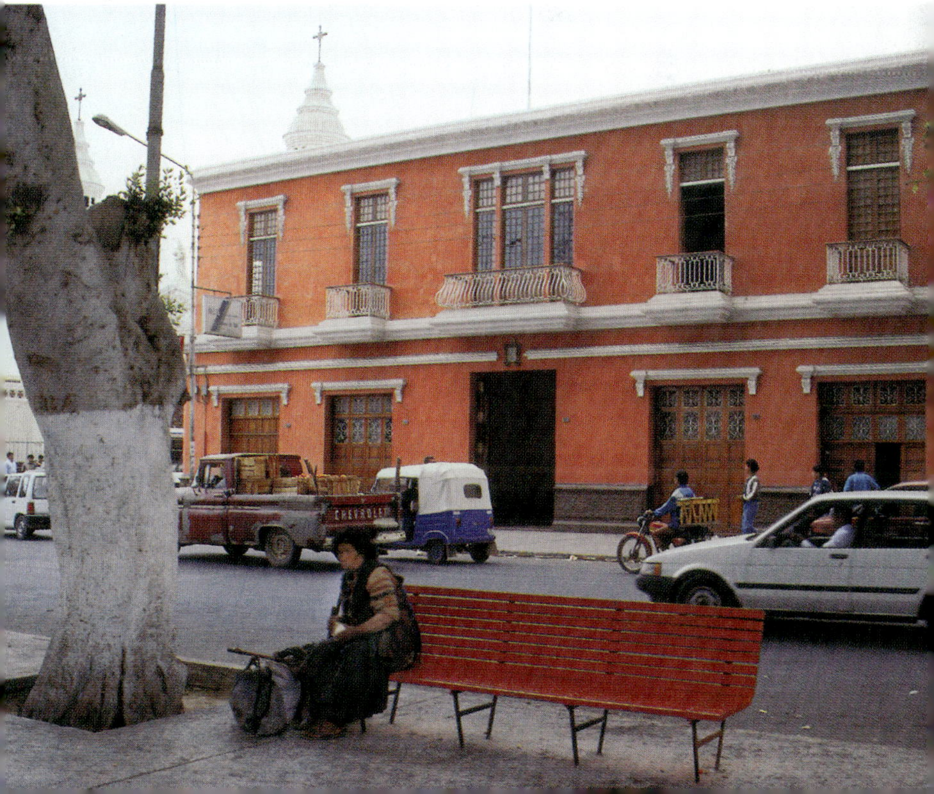

unter gibt es alte und neue Gravuren, echte und falsche. Ich hatte auch einen Fälscher aufgesucht und über seine Arbeitsmethode berichtet. Andererseits aber auch geologische Gutachten zitiert und mikroskopische Aufnahmen gezeigt, die das Alter der echten Gravuren beweisen.

Seither sind über 20 Jahre verstrichen. Wann immer ich in Peru weilte, besuchte ich auch Dr. Cabrera, und mit den Jahren entwickelte sich eine herzliche Bekanntschaft. Einmal, es muß etwa 14 Jahre her sein, bewirtete die Familie Cabrera eine meiner Reisegruppen. Wir kredenzten das Lokalgetränk »Pisco sour«, als Cabrera mich plötzlich zur Seite bat. Er möchte, so sagte er, mir etwas zeigen, was bisher nur wenige Freunde zu Gesicht bekommen hätten. Im Innenhof seines Hauses zerrte er einen großen Schlüssel aus seiner Hosentasche und öffnete die Tür zu einem langgezogenen, dunklen Raum. Cabrera knipste das Licht an und schob mich hinein.

Zuerst war ich sprachlos. Rechts und links des schmalen Ganges sah ich stabile bis zur Decke hochragende Holzgestelle und darauf Hunderte und Aberhunderte von Figuren, eng nebeneinander und auch noch in Reihen hintereinander aufgereiht *(Bilder Nr. 42 + 43)*.

»Was ist das?« fragte ich Cabrera.

»Eine Sammlung ungebrannter Tonfiguren einer Kultur, die vor 20 000, vielleicht aber auch vor 50 000 oder gar 100 000 Jahren lebte.«

»Und woher stammen diese Figuren?« erkundigte ich mich baff.

»Vom Depot«, lautete die lapidare Antwort.

Zuerst ertasteten meine Augen im Dämmerlicht eine etwa 80 Zentimeter hohe Figur. Sie stand am Boden und grinste mir breit entgegen *(Bild Nr. 44)*. In riesigen Augenhöhlen, die mich an eine Eule erinnerten, steckte ein rundes Augenpaar. Gleich daneben bemerkte ich eine zweite

42

43

44

46

47

Gestalt, die ein undefinierbares Tierchen vor der Brust hielt *(Bild Nr. 45)*. Mir fiel spontan eine Querverbindung ein. In San Agustín, Kolumbien, hatte ich im archäologischen Park ähnliche Darstellungen gesehen. Allerdings viel größer und in Stein. Dann fiel mir direkt in Augenhöhe eine Figur mit zwei übereinanderliegenden Köpfen auf *(Bilder Nr. 46 + 47)*. Auch das kannte ich aus San Agustín. Als ich nach einem schildkrötenähnlichen Tier mit überlangem Hals griff, huschte eine große Kakerlake über das Gestell. Bald merkte ich, daß es in dem Raum von diesen Biestern nur so wimmelte.

Auf dem Boden lagen, häufig übereinandergestapelt, mehrere Kartons. Aus ihnen quollen, mit Zeitungspapier umwickelt, die kuriosesten Figuren. Eine Menagerie der
◁ 45 Verrücktheiten.

»Look, Eric«, unterbrach Cabrera meinen Gedankenwirbel. In seinen Händen balancierte er einen Menschen mit äffischem Gesichtsausdruck. Die Gestalt umklammerte mit beiden Händen ein Fernrohr und starrte damit nach oben. Toll! sagte ich mir; eine sehr verwandte Figur inklusive Fernrohr war nämlich auch Bestandteil der gravierten Steine *(Bilder Nr. 48 + 49)*. Mit der linken Hand hielt mir Cabrera einen Flugsaurier entgegen, auf dem ein Vogelkopfmensch ritt. Auch das gab's, gleich mehrfach, in der Sammlung der Steingravuren. Bevor ich den Raum verließ, erblickte ich rechts auf dem Gestell in Höhe der Augen etwas, das einem »Tennisschläger« aus Ton glich. Nur war dieser »Schläger« mit seltsamen Darstellungen versehen. Gleich zwölf solcher »Tennisschläger« klebten dicht aneinander *(Bild Nr. 50)*. Wer um alles in der Welt fälschte so etwas?

Nachdem ich zu meiner Reisegruppe zurückgekehrt war, setzte sich eine von Cabreras Töchtern zu mir. Die Cabreras sind sehr fruchtbar, die Familie zählt acht Köpfe. »Erich«, sagte die junge Dame und schaute mich sehr ernst an, »bitte glaube meinem Vater. Es ist wahr, was er sagt. Die Figuren stammen aus einem unterirdischen Depot und sind unglaublich alt.« Dann, nach einigen Minuten, sah ich Tränen in ihren Augen. Mitfühlend erkundigte ich mich nach ihren Sorgen.

»Die Archäologen Perus nehmen meinen Vater nicht ernst. Er darf auch gar nicht ernst genommen werden.«

»Weshalb denn das?«

»Nähme man ihn ernst, so beträfe dies auch seine Sammlung von Stein- und Tonfiguren. Das geht nicht, weil sonst ein archäologisches Weltbild zusammenkrachen würde. Stell dir mal vor: eine Zivilisation längst *vor* unserer Zivilisation! Außerdem: Sähe man Vaters Figuren als echt an, so würden sie alle beschlagnahmt werden. Der Regierung

48

49

50

würde auch schnell bewußt werden, welch ungeheuren Schatz mein Vater hier hortet. Nach peruanischem Recht dürfen Privatpersonen aber keine echten archäologischen Fundstücke besitzen. Sie gehören dem Staat.«

Das stimmte und machte alles noch verwirrender. Was sollte ich mit dieser Sammlung anfangen? Darüber schreiben und mich lächerlich machen? Cabrera als Fälscher entlarven? Wenn irgendeine Indiofamilie die Tonfiguren in seinem Auftrag angefertigt hatte, weshalb nur? Cabrera betrieb keinerlei Handel damit – im Gegtenteil: Er hütete und beschützte seine Figuren wie in einem Tresor. Nie ist auch nur eine einzige verkauft worden.

Cabreras Tochter riß mich aus meinen Gedanken:

»Erich, bitte schreibe über diese Sammlung! Papa hat es verdient. Du weißt gar nicht, wie er leidet. Er ist hin- und hergerissen zwischen der Archäologie und dem Staat, für den die Figuren niemals echt sein dürfen, und seinem Wissen um die Echtheit.«

Da versprach ich dem Mädchen wiederzukommen, um diese Kuriositätensammlung einer näheren Betrachtung zu unterziehen. Vier Jahre später war ich erneut in Ica. Doch mußte ich Cabrera auf einen späteren Zeitpunkt vertrösten, denn so mal eben zwischen Tür und Angel ließ sich dessen Sammlung nicht überblicken. Dazu wollte ich mir ausreichend Zeit nehmen. Ich plante, den schmalen Raum mit den Holzgestellen zumindest teilweise leeren zu lassen. Ich wollte die Figuren vermessen und vergleichen und zugleich möglichst viele Fotografien knipsen. Ob echt oder falsch, wer konnte schon wissen, was in Zukunft mit Dr. Cabrera und seiner Sammlung geschah? Immerhin, ein Kriterium für die Echtheit war das Alter der Figuren. So bat ich Cabrera bei jenem Besuch um einige Proben der Tonfiguren, um sie an der Universität von Zürich analysieren zu lassen. Großzügig übergab mir Cabrera den Schlüssel. Um sicherzugehen, daß ich zumindest die Probe einer Figur und nicht die von irgendwelchen Tonscherben auf dem Boden mit nach Hause nahm, brach ich den Arm einer menschenähnlichen Gestalt ab und steckte sie in einen vorbereiteten Plastikbeutel. Janvier Cabrera und alle antiken Götter Perus mögen mir verzeihen!

Wer ist Dr. Cabrera?

Wer ist eigentlich dieser Dr. Cabrera, und wie kam er zu seiner Sammlung gravierter Steine und Tonfiguren?

Die Cabreras entstammen einer alten Familie, deren Wurzeln auf die ersten Generationen spanischer Einwanderer zurückreichen. Janvier Cabrera wurde am 13. Mai 1924 in Ica geboren. Nach dem Abitur studierte er Medizin in Lima, promovierte dort und arbeitete anschließend viele Jahre im »Hospital de seguros social« in Ica. 1961 war Cabrera einer der Mitbegründer der lokalen Universität. Inzwischen hatte er sich auf die Chirurgie spezialisiert und erhielt an der neuen Universität den Professorentitel.

Als Chirurg operierte Cabrera immer wieder arme Indios, die kein Geld für den medizinischen Eingriff aufbringen konnten. Sie bedankten sich bei ihm mit verstaubten Figürchen und gravierten Steinen, die Cabrera ursprünglich selbst als Fälschungen einstufte. Bis zum Jahre 1966 kümmerte sich Cabrera überhaupt nicht um Archäologie.

Inzwischen hatten die Brüder Carlos und Pablo Soldi, die außerhalb von Ica ein Weingut bewirtschafteten und von den Indios ebenfalls mit gravierten Steinen beschenkt wurden, begonnen, eine kleine Sammlung dieser Steine anzulegen. Cabrera kannte die Winzer und ihre Sammlung und mokierte sich nicht selten über ihre »Pseudo-Kunstsammlung«. Die Winzer sahen das anders. Sie glaubten den Indios. Deshalb vermachten sie ihre Sammlung testamentarisch dem lokalen Museum von Ica. Jetzt kamen die ersten Fachleute aus Lima, um die Steine zu begutachten. Obwohl sie keinerlei wissenschaftliche Analysen erstellen ließen, beurteilten sie die Gravuren auf den Steinen unisono als neuzeitliche Fälschungen. Das Bildmaterial, das sich ihnen darbot, war zu widersprüchlich und paßte in keinster Weise zur Lehrmeinung. Dennoch tauchten im Museum von Ica die ersten gravierten Steine auf. Seit 1970 sind diese Objekte entfernt.

Am 13. Mai desselben Jahres erhielt Cabrera von dem Fotografen Felix Llosa Romero einen kleineren gravierten Stein mit einem sehr kuriosen Motiv zum Geschenk. Es war eine Art Flugsaurier, auf dem ein Indio ritt, der das Fabelwesen mit einer Stange dirigierte *(Bild Nr. 51)*. Cabrera benutzte den Stein als Briefbeschwerer, doch je öfter er ihn betrachtete, desto nachdenklicher wurde er. Woher

51

stammte dieses Motiv? Dank seiner Schulbildung wußte Cabrera sehr genau, daß kein Mensch jemals einen Saurier gesehen haben konnte. Alle Saurierarten waren vor rund 60 Millionen Jahren ausgestorben, zu einer Zeit also, als es noch keine Menschen gab.

Bei nächster Gelegenheit erkundigte sich Cabrera bei Romero nach dem Ursprung seines Briefbeschwerers. Der riet ihm, sich nicht darum zu kümmern, denn dies sei gefährlich. Es gebe Zehntausende dieser gravierten Steine und auch noch Tausende von Tonfigürchen. Die einfachen Indios seien nicht dumm. Sie hüteten das Erbe ihrer Vorfahren und wüßten ganz genau, daß die Stein- und Tonsammlung augenblicklich zertrümmert würde, sowie der Fundort bekannt sei.

Der damals gerade 42jährige Cabrera glaubte kein Wort, doch im selben Jahr fragten ihn die Brüder Carlos und Pablo Soldi, ob er einige Steine von ihnen kaufen wolle, denn sie hätten keinen Platz mehr dafür und müßten sie im

Freien lagern. Kopfschüttelnd sah sich Cabrera die Steinsammlung an und meinte, man könnte den Indios vielleicht einen Dienst erweisen, indem man ihre »moderne Kunst« ausstellte *(Bild Nr. 52)*. Für lächerliche 7000 alte Soles (die damalige Landeswährung) erstand Cabrera 341 Steine, die er in einem Nebenraum seines großen Hauses auf einem improvisierten Gestell deponierte. (7000 alte Soles entsprachen seinerzeit etwa 140 DM.) Je intensiver Cabrera sich in den kommenden Monaten mit seiner Kuriositätensammlung befaßte, desto stutziger wurde er. Da gab es immer wieder Darstellungen chirurgischer Art – und davon verstand er von Berufs wegen eine ganze Menge. Nur stimmten die auf den Steinen dargestellten chirurgischen Praktiken überhaupt nicht mit seinem Fachwissen auf diesem Gebiet überein. Auf den Steinen wurde eine Herztransplantation gezeigt. Doch wo blieb die dazu notwendige Herz-Lungen-Maschine? Wieso gab es keine Bluttransfusion über die Venen? Was sollten die diversen

54

55

Schläuche, welche direkt in den Mund führten? *(Bild Nr. 53)* Verstanden die indianischen Fälscher nichts von diesen Dingen und griffelten sie nur aus der Phantasie? Woher stammte die Idee der verschiedenen Saurierarten auf den gravierten Steinen *(Bilder Nr. 54 + 55)*, und weshalb betrachteten Indios mit Fernrohren den gestirnten Himmel? Was sollten gravierte Steine mit Landkarten und den Umrissen ganzer Kontinente, die in der Realität nirgendwo existierten? *(Bild Nr. 56)*

Allmählich zogen die Steine Cabrera in ihren Bann. Erst jetzt begann er, die alten Bauern, denen er einst medizinisch geholfen hatte und die immer noch seinen Rat suchten, auszufragen. Ein dem Tode naher Mann erzählte ihm die Geschichte von einem »Depot«, in dem Tausende von gravierten Steinen und Tonfigürchen lagern sollten. Cabrera blieb skeptisch, dies um so mehr, als inzwischen eindeutige Fälschungen auf dem Touristikmarkt aufgetaucht waren. Die Indios waren nicht dumm. Sie wußten, auf welche Weise sich ihr karger Lohn aufbessern ließ. Zudem hatte ihm der sterbenskranke Bauer den exakten Ort dieses geheimnisvollen »Depots« nicht genannt. Je mehr Touristen Peru besuchten, desto mehr gefälschte Gravuren wurden produziert. Einer dieser Fälscher ist Basilo Uschuya, bei dem ich 1973 war und der unumwunden zugegeben hatte, alle Steine, auch diejenigen in Cabreras Sammlung, gefälscht zu haben *(Bild Nr. 57)*. (Ich berichtete darüber auf drei Seiten in *Beweise* – mit Bildern! – und wundere mich seither immer wieder, wenn Kollegen oder Journalisten mit »Entlarvungsgeschichten« aufwarten. Dann wird stets so getan, als hätten die betreffenden »Entlarver« in mühsamer Kleinarbeit den Fälscher Basilo Uschuya ausfindig gemacht. Dabei ist die Story seit über 20 Jahren in meinem Buch nachzulesen, das schließlich in 14 Sprachen übersetzt wurde.) Derselbe Fälscher Basilo

56

57

Uschuya hatte einem Journalisten namens Andreas Faber-Kaiser anvertraut, die gravierten Steine seien echt mit Ausnahme der paar hundert, die er imitiert habe, um sie an Touristen zu verkaufen. Er werde aber öffentlich immer behaupten, alles sei Fälschung. Darauf angesprochen, weshalb er denn dieses getürkte Spiel treibe, antwortete Uschuya: »Wenn ich Steine mit echten, alten Gravuren verkaufe, kriege ich es mit den lokalen Indios zu tun, und die verstehen keinen Spaß, wenn es um ihr kulturelles Erbe geht. Zudem wandere ich schnurstracks ins Gefängnis.« So kann man die Dinge auch verschleiern.

Cabrera, unsicher, was nun »alt« und was »neuzeitlich« sei, nahm vier Steine, bei denen er vermutete, sie müßten alt sein, und ließ zwei Gutachten erstellen. Für das erste war der Geologe Dr. Eric Wolf von der Minengesellschaft »Mauricio Hochschild« in Lima zuständig, und für das zweite die »Facultad de Minas« der Technischen Hochschule von Lima (namens der Fakultät unterzeichnet von Dr. Fernando de la Casa und Dr. César Sotillo). Beide Gutachten bestätigten das hohe Alter der Gravuren. Diese Aussage war deshalb möglich, weil die Gravuren von einer feinen, aber natürlichen Oxidationsschicht bedeckt waren, die viele Jahrtausende alt sein mußte.[15] Im Jahre 1976 besuchte ich gemeinsam mit dem damaligen Chefkonstrukteur der NASA, Joseph Blumrich, Dr. Cabrera. Dieser überließ uns vier Proben von alten und neuzeitlichen Gravuren. Fotos unter dem Mikroskop belegten den krassen Unterschied zwischen den falschen *(Bild Nr. 58)* und den echten *(Bild Nr. 59)* Gravuren.[14]

Cabrera, im Verlauf der Jahre verunsichert angesichts alter und neuzeitlicher Figuren, verstört auch durch die peruanische Archäologie, die seine Steine in Bausch und Bogen verwarf, obwohl nie ein einziger Archäologe seine Sammlung einer Prüfung unterzog, geschweige denn eine wissenschaftliche Analyse durchführen ließ, entwickelte sich mehr und mehr zum Einzelgänger. Jetzt begann er, auf eigene Faust nach dem ominösen »Depot« zu forschen, und unterhielt sich nächtelang mit alten Indios. Er geriet in den Bann einer anderen Welt, einer Welt, die – nach seinen Aussagen – mindestens 100 000 Jahre zurücklag. Cabrera venachlässigte seinen Beruf als Hochschullehrer für Medizin, es kam zu Spannungen und schließlich zur Scheidung von seiner Frau. Er wurde zum Sonderling mit »verrückten Ideen«, dachte sich haarsträubende Theorien und konfuse Vermutungen über eine Gentechnologie aus, die vor Jahrzehntausenden praktiziert worden sei. Von einer »früheren Menschheit, die Kontakt mit Außerirdischen hatte«. So Cabrera.

58

59

Wo sind die »Depots«?

Zu Beginn der siebziger Jahre besaß Cabrera einige größere Felsbrocken. Mit »größer« meine ich etwa anderthalb Meter hohe Exemplare, auf denen eindeutig Flugapparate am Firmament zu sehen waren. Nicht etwa Flugzeuge des uns bekannten Typs, sondern merkwürdige fliegende Dinger, wie ich sie aus altindischen Schriften kenne und wie sie in unseren Tagen vom Indologen Lutz Gentes in einem sachlichen, doch aufregenden Buch der Öffentlichkeit vorgestellt wurden.[16] (Ähnliches beschreibt aus vedisch-religiöser Sicht der Autor Armin Risi.[17]) Ich hatte Gelegenheit, diese Felsbrocken mit eigenen Augen zu bestaunen, doch dann wurden sie von Militärlastern abgeholt und nach Lima transportiert. Die peruanische Luftwaffe plante, ein Museum zur Geschichte der Luftfahrt einzurichten, und Cabreras Felsbrocken zeigten geheimnisvolle Flugmaschinen der Antike. Das »Museo aeronautica« liegt heute im militärischen Bereich des Flughafens von Lima und ist allgemein nicht zugänglich. In den vergangenen Jahren war es mir nicht möglich festzustellen, ob Cabreras gravierte Flugmaschinen die Museumsräume zieren. Ich nehme es aber an, weil der damals zuständige Offizier ebenfalls eine petroglyphische Analyse durchführen ließ, bevor er die Felsbrocken dem Museum einverleibte.

Und dann gab es ja neben der Steinsammlung noch die Tonfiguren, über die ich hier berichten will. Dr. Cabrera ist heute 73 Jahre alt und ein Mensch, der anderen gegenüber vorsichtig geworden ist, einer, der nicht mehr weiß, wem er trauen darf. Immer noch empfängt er Einzeltouristen oder Gruppen, zeigt seine Steinsammlung und interpretiert sie in seiner sehr eigenwilligen Art. Selbst jemand wie ich, der Cabrera seit einigen Jahrzehnten kennt, hat Mühe, seinen Erzählungen zu folgen. Und Erzählungen sind es. Sie passen in kein wissenschaftliches Schema. Zudem untermauert der Greis seine willkürlichen Deutungen heute oft mit Gravuren, von denen er eigentlich wissen müßte, daß es Fälschungen sind. Weshalb nur? Ist er inzwischen derart in seine eigene Theorien verbohrt, daß er sie anhand von Nachahmungen glaubhaft machen will? Ich hatte Gelegenheit, mit Dr. Cabrera ruhig und in sachlicher Atmosphäre zu reden. Er behauptet, er kenne inzwischen das geheimnisvolle »Depot« mit den Abertausenden von Figürchen.

»Janvier«, insistierte ich, »kein Mensch glaubt dir das, wenn du nicht sagst, wo sich dieses ›Depot‹ befindet. Kannst du es nicht wenigstens *mir* zeigen?«

Janvier Cabrera schaute mich lange an, ehe er antwortete: »Was würde dir das nutzen? Du müßtest die genaue Lage des Depots bekanntgeben. Exakt dies aber darfst du nicht. Damit würdest du mein Vertrauen mißbrauchen und die Indios gegen dich aufbringen. In Peru könntest du dich nicht mehr zeigen. Und deine Wissenschaft? Die lacht darüber! Sie deklariert das Ganze als Riesenschwindel, und jeder, der noch ernst genommen werden will, läßt die Finger davon. Bei einem Riesenschwindel spielt es auch keine Rolle mehr, wenn die Figuren zerschlagen werden.«

Janvier Cabrera blickte mich verbittert an. Und irgendwie hatte er recht. Aus eigener Erfahrung wußte ich, wie leicht man sich im Topf der Scharlatane wiederfinden konnte, wenn kein handfester Beweis vorzeigbar war. Und manchmal widerfuhr einem dies auch trotz eines handfesten Beweises.

Ich bohrte weiter, wollte, daß Cabrera mir etwas mehr über dieses »Depot« berichtete. Schließlich erfuhr ich, daß der Fluß Ica in den vergangenen Jahrzehntausenden die unterschiedlichen Gesteinsschichten ausgewaschen habe. Dadurch seien die ersten gravierten Steine überhaupt ans Tageslicht gespült worden. Und das »Depot«? Cabrera meinte, auch die peruanischen Archäologen müßten eigentlich über derartige »Depots« informiert sein, denn das erste von ihnen sei nämlich ausgerechnet von Julio Cäsar Tello, dem Begründer der peruanischen Archäologie, entdeckt worden. Im Serro Corrado, einem Andenausläufer hinter Paracas, sei Tello auf mehrere Granithöhlen mit indianischen Textilien gestoßen. Der Zugang zu diesen Höhlen sei nur durch einen senkrechten Stollen von rund sechs Metern Länge möglich. Die Fundstätte selbst bestehe aus Granit und messe etwa fünf mal sieben mal drei Meter.

»Und in einer solchen Höhle fandest du auch die Tonfiguren?«

Cabrera nickte und fügte hinzu, es lägen noch zehntausend dort. Nicht nur in einer, sondern in mehreren Granithöhlen. Ich bezweifelte seine Aussage. Granit? Hier, in dieser Gegend? Die Stadt Ica war umgeben von einer Sand- und Gesteinswüste, die sich bis hinunter nach Nazca und auch noch weit darüber hinaus erstreckte. Natürlich gab es im Osten die Andenausläufer, zu deren Bestandteilen auch Granit gehörte. Ich konnte das nicht beurteilen. Ich bin kein Geologe. Cabrera merkte mir meine Zweifel an.

»Du glaubst nicht, daß es unter der Sandwüste gigantische, künstliche Anlagen aus Granit gibt?«

»Ich habe Mühe, mir das vorzustellen«, sagte ich etwas gequält.

»Dann geh doch mal nach Nazca – schließlich kennst du dich dort aus – und klettere in eine der *Puquios*!«

»In eine *was*?«

»Puquios«, wiederholte Cabrera. »Das sind die uralten unterirdischen Wasserleitungen um Nazca. Niemand weiß, wie alt sie sind, aber sie funktionieren noch heute. Zum Teil wurden sie aus dem Granit herausgehauen, zum Teil durch mächtige Monolithen aus Granit verstärkt. Dann wirst du selbst sehen, daß es hier genügend Stollen, Gruften und kilometerlange *Puquios* aus Granit gibt.«

Diesen Teil von Cabreras Geschichte habe ich nachgeprüft. Ich möchte Sie jedoch noch um etwas Geduld bitten, denn vorerst geht es um die Sammlung der Tonfiguren. Waren sie alt und damit echt? Relikte einer früheren Zivilisation?

Fragen von der Wissenschaft

Wieder in der Schweiz, bat ich Dr. Waldemar A. Keller vom Geographischen Institut der Universität Zürich-Irchel um eine Altersanalyse der Probe, die ich von einer der Tonfiguren abgebrochen hatte. Wenige Wochen später erhielt ich das Resultat. Es war niederschmetternd:

»Sehr geehrter Herr von Däniken,
Sie haben uns die nachstehende Probe zur Radiokarbondatierung zukommen lassen.
Lokalität: ICA, Peru
Code: –
Material: ungebrannter Ton
Diese Probe ist bei uns registriert als UZ-3937/ETH-16012 und ergab ein C14-Alter von: *modern.* (delta 13C: –20.0 Promille)
Mit freundlichen Grüßen
Dr. W. A. Keller«

Die für die Altersbestimmung erforderliche Präparierung und Aufbereitung des Probenmaterials erfolgten im Radikarbonlabor des Geographischen Instituts der Universität Zürich. Die anschließende Datierung wurde mittels der AMS-Technik (Accelerator Mass Spectrometry) auf dem Tandembeschleuniger des Instituts für Teilchenphysik der Eidgenössischen Technischen Hochschule (ETH) in Hönggerberg durchgeführt.

Also war Cabreras Sammlung als Schwindel entlarvt. Ungebrannter Ton, modern, aus unserer Zeit. Die Wissenschaftler der ETH Zürich hatten einen brillanten Ruf. Sie waren weltweit bekannt für die gründlichsten C14-Analysen. Während ich noch darüber nachdachte, weshalb um alles in der Welt Cabrera eine derart massive Fälschung aufzog, fiel mein Blick auf den Begleitbrief, den mir Dr. Keller netterweise mitgeschickt hatte. Plötzlich stutzte ich. Auch für den Naturwissenschaftler Dr. Keller gab es noch offene Fragen. Er schrieb:

»Die Voruntersuchungen umfaßten rasterelektronenmikroskopische, röntgenspektrometrische und andere elementspezifische Analysen. Der typische Elementanteil weist, wie zu erwarten war, auf eine Keramik-Ton-Zusammensetzung hin, d. h., es handelt sich hier im wesentlichen um Magnesium-Aluminium-Silikate mit einem relativ hohen Eisengehalt. Zudem findet man neben Quarzeinschlüssen auch solche mit einem hohen Calcium- und Phosphorgehalt (evtl. Calcium-Phosphat-Partikel).

Die Elementaranalyse zeigte uns, daß genügend Kohlenstoff für eine Radiokarbondatierung im Probematerial enthalten war, so daß eine Altersbestimmung nach der AMS-Methode durchgeführt werden konnte. Da es sich bei dem vorliegenden Material, wie Sie im Brief bereits erwähnt haben, um ungebrannten Ton handelt, *bleiben für mich die Fragen offen, woher dieser Kohlenstoff stammt, zu welchem Zeitpunkt und in welchem Zusammenhang er in das Probenmaterial eingebracht wurde.* Vielleicht ist es Ihnen möglich, aufgrund Ihrer Kenntnisse und Erfahrungen schlüssige Antworten auf diese Fragen zu geben.«[18]

Irgend etwas stimmte hier nachdenklich. Einerseits stand genügend Kohlenstoff für eine Datierung zur Verfügung, andererseits fragte man sich, woher ebendiese Substanz stammte. Dazu sollte man etwas über die C14-Datierung wissen. Sie geht von der Annahme aus, in der irdischen Atmosphäre sei das radioaktive Isotop des Kohlenstoffs (C) mit dem Atomgewicht 14 in stets gleichbleibenden Mengen vorhanden. Dieses Kohlenstoffisotop wird von allen Pflanzen aufgenommen, so daß es Bäume, Wurzeln, Blätter, aber auch alle anderen lebenden Organismen wie Tiere und Menschen in konstanter Menge enthalten. Nun unterliegen sämtliche radioaktiven Materien einer bestimmten Zerfallszeit. Diese beginnt bei Mensch und Tier mit dem Tode, bei Pflanzen mit dem Ernten oder Verbrennen. Für das Kohlenstoffisotop C14 beträgt die Halbwertzeit etwa 5600 Jahre. Dies bedeutet, daß 5600 Jahre nach dem Ableben eines Organismus nur noch die Hälfte der ursprünglichen C14-Menge ermittelbar ist, nach 11 200 Jahren noch ein Viertel oder nach 22 400 Jahren gerade noch ein Achtel. Bei der heutigen Präzision ist die Messungsgrenze bei etwa 30 000 Jahren erreicht.

Die Messung der Universität Zürich hatte *modernen* Kohlenstoff ergeben, der folglich die gesamte Menge an C14-Isotopen enthielt. Doch woher stammte dieser Kohlenstoff? Während ich mit Dr. Keller von der Universität Zürich telefonierte, fielen mir plötzlich die Kakerlaken ein, die sich massenweise zwischen Cabreras Figürchen tummelten. Kakerlaken! Ihre Exkremente enthielten jede Menge Kohlenstoff aus unserer Zeit. Hatten diese Ausscheidungen das Resultat der Altersbestimmung beeinflußt?

Aber da war noch etwas: Auf Betreiben der »Ancient Astronaut Society«, einer internationalen gemeinnützigen Gesellschaft, die sich mit möglichen Aufenthalten von Außerirdischen auf der Erde in vorgeschichtlicher Zeit befaßt, war – unabhängig von mir – ein zweites Gutachten über Cabreras Tonfiguren erstellt worden. Der Geologe Dr. Johannes Fiebag hatte von Dr. Cabrera in Ica zwei Proben bekommen und sie seinem Kollegen Dr. Ernst Freyburg zu Testzwecken überlassen. Dr. Freyburg führte an der Universität von Weimar eine ausführliche Analyse durch. In seinem Bericht heißt es:

»Die beiden Proben (interne Bezeichnung UF 6 und UF 7) enthalten übereinstimmend Quarz, Kali- und Natronfeldspäte und die Tonminerale Illit/Muskovit. In der Probe UF 6 werden darüber hinaus die Tonminerale Kaolinit und Montmorillonit nachgewiesen. Insgesamt ist dies eine typische Ton-Mineralparagenese. Die Kruste enthält neben den bereits genannten Mineralphasen noch Calcit. Das Röntgensammeldiagramm zeigt eine unruhige Grundlinie der einzelnen Kurven als Beleg für einen Anteil röntgenamorpher (= glasiger) Substanz.

Bei der Differential-Thermo-Analyse (DTA) wird der Masseverlust einer Probe zwischen 20 und 1000 Grad Celsius bestimmt. Im vorliegenden Material werden im Niedertemperaturbereich bis 200 Grad Celsius 1,4 Prozent Masseverlust gemessen, der sowohl dem Haftwasser (= Restanmachwasser) als auch einem Teil des Hydratwassers der Tonminerale zuzuordnen ist.

Bei 424 Grad Celsius und 534 Grad Celsius treten zwei exotherme Reaktionen auf, die die Anwesenheit brennbarer, organischer Substanz belegen. In diesem Bereich liegt die Zündtemperatur von Braunkohle.

Oberhalb 800 Grad Celsius deutet der Kurvenverlauf der DTA auf die Anwesenheit glasiger Substanz, damit wird der Röntgenbefund bestätigt. Unter dem Elektronenmikroskop ist feststellbar, daß die glasigen Bereiche vorwiegend aus SiO_2 bestehen, die Strukturen sind aber nicht eindeutig kieselsäurebildenden Organismen zuzuordnen.«[19]

In der Zusammenfassung der Analyse wurde auch festgehalten, die helle Kruste bestehe aus Kalksand, in dem die Stücke nach der Trocknung gelegen hätten.

Und das Alter? »Darüber konnte keine Aussage getroffen werden. Die Existenz von Haftwasser (wenn auch in sehr geringer Menge) deutet jedoch auf ein relativ junges Alter hin. Die Anwesenheit von Kohlenstoff würde zwar eine Altersbestimmung mit C14 erlauben, man würde aber wieder nur das Alter der Kohle bestimmen.«

Die Situation war nun, um es mit Goethe auszudrükken, folgende: »Da steh' ich nun, ich armer Tor, und bin so klug als wie zuvor!« Die Universität Zürich ermittelt ein »modernes« Alter, das sich aber möglicherweise mit den Exkrementen der Kakerlaken begründen läßt. Die Universität Weimar verzichtet auf eine Datierung, stellt aber »sehr geringe Mengen« von Haftwasser fest. Dieses Wasser muß aber nicht »Haftwasser« sein, es könnte auch von eventuell feuchten Verhältnissen in Cabreras »Depot« stammen.

Jung und falsch oder alt und echt?

Persönlich mag ich nicht recht daran glauben, daß Cabreras Figürchen sehr, sehr alt sind. Doch die Urteilsfindung ist verwirrender, als es auf Anhieb scheint. Liege ich mit meiner Bewertung falsch? Bekanntlich ist eine der am meisten verbreiteten Krankheiten die Diagnose. Was spricht für eine *Fälschung* der gesamten Cabrera-Sammlung?

- Cabreras Eigenwilligkeit, gepaart mit einem gewissen Altersstarrsinn. Er möchte recht behalten, der Welt beweisen, daß er über ein ganz spezielles Wissen verfügt.
- Sein Zorn auf die Archäologie, insbesondere auf die peruanische.
- Sein Nationalbewußtsein: »Sein« Land sollte schon zu Noahs Zeiten etwas Außergewöhnliches gewesen sein.
- Seine Überzeugung, vor uns habe eine viel ältere Zivilisation existiert.
- Die Figuren schlechthin: Weshalb sollte eine frühere Zivilisation ihr Wissen in Form ungebrannter Tonfiguren in Granithöhlen aufbewahren?
- Die heute eindeutig identifizierbaren Fälschungen sowohl der Tonfigurensammlung als auch der gravierten Steine. Damit meine ich diejenigen Motive, die nie und nimmer 30 000 oder mehr Jahre alt sein können, wie beispielsweise Gravuren mit Darstellungen von Scharrzeichnungen auf der Ebene von Nazca oder eine »mosesähnliche« Tonfigur mit zwei »Gesetzestafeln« in den Händen.

Gibt es bei diesen knallharten Argumenten, die gegen Cabrera sprechen, überhaupt noch einen Hoffnungsschimmer für die Echtheit der Figurensammlung?

Ja! Einiges in der Kontrarechnung geht nicht auf. Anderes wäre mit etwas gutem Willen erklärbar. Wie könnte beispielsweise eine »mosesähnliche« Darstellung in Cabreras Figurensammlung gelangen?

Die »Bibel« der Mormonen, einer vorwiegend in den USA beheimateten Religionsgemeinschaft, ist das »Buch Mormon«. Dazu gehören die 24 Platten des Buches *Ether*, und die handeln von der Geschichte des Volkes *Jared*. Die *Jarediten* sollen zu Zeiten des Turmbaus zu Babylon – wann immer das gewesen sein mag – Mesopotamien verlassen haben. Mit Hilfe zweier rätselhafter Schiffe, in denen 16 »leuchtende Steine« Tag und Nacht Helligkeit verbreiteten, erreichten sie Südamerika. Sie folgten dabei stets den Weisungen eines »höchsten Herrn, der aus den Wolken kam« und der sie nicht nur den Schiffbau lehrte, sondern ihnen obendrein auch noch den Kompaß schenkte.

Die Jarediten waren die Vorfahren der Mormonen. Ihr Treck von der heutigen chilenischen Küste bis nach Mittel- und schließlich Nordamerika dauerte viele Jahrtausende. Die Einwanderer hätten logischerweise Kenntnis von der Mosesgeschichte gehabt. Aber auch von anderen Dingen einer fernen Vergangenheit. Sie hätten sowohl eine Mosesfigur als auch andere Statuetten anfertigen und verstecken können. Nur kann ich mir nicht vorstellen, daß dies Jahrzehntausende zurückliegen soll.

Für die Echtheit der Figuren sprechen neben persönlichen Argumenten einige neuere Erkenntnisse:

- Die Anzahl der Objekte: Allein Cabreras Sammlung umfaßt mit Sicherheit mehr als 2500 Exemplare.
- Die Wiederholung gleicher oder sehr ähnlicher Darstellungen: Auf einem Gestell fand ich in unmittelbarer Reihenfolge gleich zwölf »Tennisschläger«. Ein anderes Gestell enthielt etwa weitere 30 dieser »Pfannendeckel mit Griff«. Gesetzt den Fall, Cabrera erteilte den Fälschungsauftrag, weshalb dann gleich dreißigmal das gleiche Motiv? Was hat er davon?
- Cabrera betreibt keinerlei Handel mit seinen Figuren. Er hütet sie eifersüchtig.
- Die chirurgischen Darstellungen, von denen ich eine

60

komplette Serie fotografierte, entsprechen *nicht* unserem chirurgischen Gegenwartswissen. Ausgerechnet Cabrera, ein emeritierter Professor der Chirurgie, müßte doch eigentlich die logischen und vernünftigen Abläufe einer operativen Maßnahme kennen. Weshalb formten die hypothetischen Fälscher etwas völlig anderes?

- Die Homosexuellenszenen. Sowohl unter den gravierten Steinen als auch in der Figürchensammlung kommen vereinzelt gleichgeschlechtliche Darstellungen vor. Cabrera haßt Homosexualität. Er würde nie und nimmer derartige Szenen in Auftrag geben, geschweige denn dafür bezahlen! *(Bild Nr. 60)*
- Cabreras Scheidungsprozeß gegen seine Frau. Sie verlangte die Hälfte der Steingravuren- und Tonfigurensammlung. Cabrera ging bis vor das höchste Gericht

Perus, um seiner Exfrau nichts von seiner Sammlung überlassen zu müssen. Weshalb hält er so stur daran fest, wenn's doch nur Fälschungen sind? Und weshalb beharrte die Frau auf der Hälfte einer wertlosen Sammlung von Falsifikaten?

- Die verwandten Motive mit ähnlich gelagerten Sammlungen, Tausende von Kilometern von Ica entfernt: Da sind
  a) die Sammlung von Acambaro in Mexiko. Tonfigürchen zu Hunderten mit Motiven wie bei Cabrera, inklusive Saurierarten;
  b) die Sammlung des verstobenen Paters Crespi in Cuenca, Ecuador. Ganze Räume voller Figürchen aus Holz und Ton *(Bilder Nr. 61 + 62)*. Dazu gravierte Metallplatten. Ähnliche Motive, auch Saurier;
  c) die Figuren in »Burrows' Cave«: 1982 wurde »irgendwo« in Illinois von Russel Burrows ein Höhlensystem entdeckt, dessen exakte Lage nur wenigen Personen bekannt ist.[20] Zwei Bücher zeigen Abbildungen der Figürchen, die dort zum Vorschein kamen.[21,22] Sie ähneln häufig den Objekten in der Cabrera-Sammlung.
  d) Über ganz Japan verstreut fanden sich Tausende von »anthropomorphen« Stein- und Tonfigürchen, oft auch als Mensch-Tier-Kombinationen. Sie liegen in diversen japanischen Museen verstreut. In fotografischer Form erschien darüber ein Bildband. Viele Darstellungen gleichen Objekten der Cabrera-Sammlung.[23]
  e) In mehreren ecuadorianischen Städten (Valdivia, Agua Blanca, Chirije, San Isidoro, La Tolita) wurden in den vergangenen Jahren Tonfiguren entdeckt, wie sie auch in der Cabrera-Sammlung anzutreffen sind. Inklusive Tier-Mensch-Darstellungen.[24]

61

62

f) Saurier und menschliche Fußspuren in *derselben* Gesteinsschicht. Gefunden im Paluxy River beim Örtchen Glen Rose in Texas.[25]

Irgend etwas macht stutzig, wobei ich persönlich noch eine ganze Reihe privater Sammlungen in Süd- und Mittelamerika kenne, die immer wieder ähnliche Motive enthalten. Diese Privatsammlungen darf man nicht aufzählen, weil – egal, wo! – der jeweilige Besitzer von der Echtheit seiner Figürchen überzeugt ist und wie beispielsweise Cabrera nicht will, daß die Behörden anfangen nachzufragen. Irgendwo auf der Welt muß wohl eine Horde von Fälschern unterwegs sein, die stets wieder ähnliche Motive kreieren. Schließlich müßte diese Schwindelmafia auch noch ein Geheimabkommen mit den Indianern in Ecuador, Peru, Mexiko, den USA und vielen Privatsammlern getroffen haben, damit die Motive ihrer Fälschungen einigermaßen übereinstimmen. Inklusive der Mensch-Tier-Kombinationen und der Saurierarten.

Über das Alter der diversen Sammlungen zu debattieren bringt zumindest zum gegenwärtigen Zeitpunkt wenig. Mich erstaunt nur, daß in den letzten vier Jahren diverse Funde ans Tageslicht kamen, welche die gegenwärtige Lehrmeinung über eine kontinuierliche Entwicklung des Menschen in Frage stellen.

Argumente für Jahrzehntausende

1. White Bear, ein alter Hopi-Indianer, berichtet über eine Vergangenheit seines Stammes, die Hunderttausende von Jahren zurückreichen soll.[26] Das gleiche behauptet der Sioux-Häuptling White Wolf. Der heute 94jährige

redet sogar davon, daß die Geschichte der nordamerikanischen Urbevölkerung vier Millionen Jahre in die Vergangenheit zurückreiche.[27]

2. Dr. Richard L. Thompson und Dr. Michael Cremo sorgten mit zwei dicken Entlarvungsbüchern in den USA für Furore. In *Forbidden Archaeology*, Band I + II, belegen sie ein kulturelles Erbe der Menschheit, das sich über 100 000 und mehr Jahre in die Vergangenheit erstreckt.[28]
3. 1994 wurden im französischen Rhônetal die »Chauvet-Höhlen« entdeckt. Darin eine steinzeitliche Gemäldegalerie, die neben Tiermotiven auch »surreale Monster« zeigt. Dazu »Köpfe, die an Dinosaurier erinnern«, sowie »Vogelmenschen«[29]. Datiert werden die Kunstwerke mit 32 000 vor unserer Zeitrechnung. Hierzu meinte der französische Archäologe Michel Lorblanchet: »Chauvet ist die Spitze des Eisberges. Es muß einen Vorlauf gegeben haben, den wir noch nicht kennen.«
4. Der rumänische Höhlentaucher Christian Lascu entdeckte im Bihorgebirge in einer Tropfsteinhöhle die Überreste einer Kultstätte, die 70 000 bis 85 000 Jahre alt sein soll.[29] Darunter Gebeine, die kreuzförmig nach der Windrose ausgerichtet waren.
5. 60 Kilometer östlich von Carson City, Nevada, USA, wurde in der »Spirit Cave« die angeblich älteste Mumie Nordamerikas gefunden. Der Fund geht 10 000 Jahre in die Vergangenheit zurück. Wo eine Mumie ist, muß auch der dazugehörige Kult existiert haben.[30]
6. In der »Caverna de Pedra Pintada« bei Santarem (Nordbrasilien) wurden Höhlenmalereien gefunden, die 12 000 Jahre vor der Zeitenwende entstanden sind. Darunter eine menschliche Gestalt mit Insektenkopf. Ähnliches besitzt Cabrera.

7. Im September 1996 gab Dr. Lesley Head von der Universität Wollongong (Australien, 150 Kilometer südlich von Sydney) bekannt, man habe Werkzeuge und in Stein geritzte Zeichen und Bilder gefunden, die 176 000 Jahre alt seien. Die Fundstelle liegt am Rande der Kimberley-Hochebene im Nordwesten Australiens, östlich von Kununurra. Die Zeitung »Sydney Morning Herald« wußte sogar zu berichten, riesige Steinskulpturen seien entdeckt worden, die an Stonehenge in England erinnern.[31] Dazu mehrere tausend Inschriften, deren Alter auf bis zu 75 000 Jahre geschätzt wird. Im Kimberley-Gebirge wimmelt es ohnehin von prähistorischen Felsmalereien. Darunter »Fabelwesen« und Figuren mit »Heiligenscheinen« um ihre Köpfe.
8. Im »Museo Padre le Peige« von San-Pedro-de-Atacama in Chile kann man Tonfigürchen bestaunen, die genauso zur Sammlung von Janvier Cabrera gehören könnten. Alter: unbestimmt und zumindest in einigen Fällen sehr umstritten. (Der inzwischen verstorbene Padre Le Peige hatte sein Leben der chilenischen Archäologie verschrieben. Ein halbes Jahr vor seinem Tode sagte er in einem Interview, er habe unterirdische Gruften mit Skeletten und Figuren gefunden, die mehr als 100 000 Jahre alt seien. Wörtlich: »Ich glaube, daß in den Gräbern außerirdische Wesen mitbeerdigt wurden. Einige der Mumien, die ich fand, hatten Gesichtsformen, wie wir sie auf der Erde nicht kennen. Man würde mir nicht glauben, wenn ich erzählen würde, was ich sonst noch in den Gräbern gefunden habe!«[32]

Dies ist nur eine bescheidene Auflistung von Meldungen, die in den vergangenen Jahren meinem Archiv einverleibt wurden. Verwirrend dabei sind nicht nur die Datierungen, die in eine Vergangenheit zurückreichen, die bislang nie in

Betracht gezogen wurde, genauso rätselhaft sind auch die Motive. Weshalb nur findet man Zehntausende Kilometer voneinander entfernt Darstellungen von »Vogelmenschen«, solche von »Mensch-Tier-Kombinationen« und sogar von Saurierarten, obwohl doch kein Mensch je einen Saurier gesehen haben kann? Was geisterte nur in den Köpfen unserer steinzeitlichen Vorfahren herum? Über die oft naiven Antworten der Archäologen kann jemand wie ich sich nicht mehr wundern. Die träumen immer noch in ihrem Schamanen- und psychologischen Dschungel herum, der zwar sie befriedigen mag – mich jedoch nicht. So meint der französische Archäologe Michel Lorblanchet, der die Malereien von Chauvet studiert, die Steinzeitkünstler hätten derart »phantastische Visionen nur im Zustand der Trance« ersinnen können.[29] Die Darstellungen entstammten »direkt dem Unterbewußten«.

Cabreras Tonfiguren können Fälschungen sein oder auch eine Mischung aus Fälschungen und uralten, echten Motiven. Ich mag das nicht beurteilen. Dennoch bleibt die Frage, warum in neuerer Zeit so viele verschiedene Figurensammlungen verwandte Motive aufweisen. Und woher beziehen eigentlich die Fälscher ihre Ideen? Die peruanischen Indios können sich schließlich nicht an Jahrzehntausende alten Felswänden in Frankreich orientiert haben. Und die französischen Steinzeitkünstler dürften schwerlich in Australien auf Motivsuche gegangen sein.

Bei Cabrera kann ich mir vorstellen, daß die Figuren das Produkt einer Schule sind. Kinder wurden in Geschichte unterwiesen und formten in Ton, was ihnen beigebracht wurde. Deshalb die unzähligen Wiederholungen mit kleinen Abweichungen. Es könnte durchaus möglich gewesen sein, daß es im vorgeschichtlichen Peru ganz andere Kunstformen als die Tonfigur gab: Textilien zum Beispiel oder eine Art von »Papier«, wie es die Maya in Mittelamerika verwendeten. Die Textilien, welche die Jahrtausende überlebten, zeigen tatsächlich Motive, die oft den Figuren ähneln. Und das hypothetische »Papier« überlebte nicht. Übriggeblieben sind einige Kavernen voller Tonfiguren, angefertigt von einer Gruppe von Kindern und Jugendlichen – einer Schule.

Die Bilder im Anhang dieses Buches sollen die Diskussion um Cabreras Sammlung anheizen. Vielleicht ergeben sich daraus Vergleichsmöglichkeiten mit anderen Sammlungen, die ich nicht kenne.

Und was ist mit den *Puquios*, den unterirdischen Wasserkanälen um Nazca? Existieren sie? Sind wenigstens sie definitiv alt? Falls ja, welche Tiefbauingenieure haben sie gebaut?

Der erste, den ich in Nazca nach den Puquios fragte, war Eduardo Herran, der Chefpilot der »Aero Condor«. Ich kenne ihn seit über 30 Jahren und weiß, daß ihm alles um Nazca herum vertraut ist.

»Puquios willst du sehen? Komm, steig ein!«

Wir kurvten über das Nazcatal mit seinem spärlichen Wasserrinnsal, das von den Anden herabplätscherte. Eduardo deutete auf kreisrunde Löcher, die aus zwei Richtungen aufeinander zuliefen. Sie erinnerten mich an große Augen, die spiralförmig aus dem Boden wuchsen *(Bild Nr. 63)*.

»Hier hast du deine Puquios«, lachte Eduardo. »Es gibt 29 davon im Nazcatal, zwei im Tarugatal und vier im Tal von Las Trancas. Erstaunlicherweise funktionieren sie alle, befördern frisches Wasser, obgleich seit Jahrhunderten nichts daran verändert wurde.«

»Sind das Wasserlöcher, so eine Art Tiefbrunnen?«

»Es ist mehr«, erklärte Eduardo. »Die Löcher, die du von hier oben siehst, sind nur die Zugänge zum Frischwas-

63

ser. Darunter befinden sich steinerne Röhren, in denen das Wasser fließt. Niemand weiß, über wie viele Kilometer sich diese Röhren unterirdisch hinziehen.«

»Und wann sind sie entstanden?« wollte ich wissen.

Eduardo meinte, da sollte ich besser die Fachliteratur befragen. Seines Wissens sei über die Entstehungszeit eine kontroverse Diskussion im Gange, und jeder Forscher komme mit eigenen Datierungen daher. Die Indios hätten zu allem, was die Fachwelt doziere, ohnehin andere Ansichten. So glaube die lokale Bevölkerung, unter dem Cerro Blanco – einem knapp 2500 Meter hohen Berg unweit von Nazca, bekannt durch seine riesige Sanddüne, die den gesamten Oberteil des Berges einnimmt – erstrecke sich ein großer See. Von dorther stamme das Wasser der Puquios. Eine Legende schreibe die Entstehung der

Puquios sogar dem Schöpfergott Viracocha zu. Vor langer, langer Zeit, als die Gegend ausgedorrt war und das Volk hungerte, hätten die Indios inbrünstig zu Viracocha gebetet. Sie weinten und schrien das Wort »Nana«, was in der Ketschuasprache soviel wie »Schmerz« bedeute. Das Wort »Nana« sei der Ursprung für »Nazca« gewesen. Die ganze Bevölkerung sei zum Fuße des Cerro Blanco gepilgert, denn dies war ihr heiliger Berg, dort hätten sie immer zu den Göttern gebetet. Da sei Viracocha mit Feuer und Rauch auf den Berg herniedergefahren. Angesichts der Qualen seines Volkes habe er selbst angefangen zu weinen. Seine Tränen hätten einen gewaltigen See unter dem Cerro Blanco gebildet, und daraus seien die unterirdischen Wasserkanäle und die Puquios entstanden.

Nichts als eine Legende. Und doch erinnert sie irgendwie an die Israeliten und ihren auf den Sinai herniederfahrenden Gott. Zudem versteht niemand, den ich befragte, weshalb auf dem Cerro Blanco die gewaltigste Sanddüne der Erde thront. Aufwerfungen dieses riesigen Ausmaßes sind üblicherweise nicht auf hohen Bergen anzutreffen. Sie werden weggeblasen oder von Schnee und Wasser überkrustet. Der Sand verwandelt sich in Sandstein, oder es fängt gar an zu grünen. Nicht so auf dem Cerro Blanco bei Nazca. Waren vielleicht tatsächlich irgendwelche Rinnsale vorhanden, die das Tauwasser des Cerro Blanco in eine unterirdische Kaverne leiteten?

Wer waren die Ingenieure?

Anderntags mieteten wir – ich wurde von meinen Freunden Uli Dopatka und Valentin Nussbaumer unterstützt – einen Jeep und machten uns auf die Suche nach den Pu-

64

quios. Wie üblich brannte die Sonne gnadenlos auf die ausgedorrte Landschaft, und Straßen gab es kaum. Reichlich ausgelaugt standen wir nach etlichen Irrfahrten und Fußmärschen vor dem ersten Puquio. Eine blitzsauber nivellierte Spirale drehte sich nach unten. An der breitesten Stelle betrug ihr Durchmesser 12,70 Meter. Gesteinsbrokken unterschiedlicher Größe formten eine saubere Wand, die ihrerseits den Fußpfad zur nächstunteren Spirale bildete. An der tiefsten Stelle, 5,30 Meter unterhalb der Oberfläche, plätscherte ein Bach in einer künstlichen Wasserleitung, die durch einen Monolithen aus Granit abgedeckt war *(Bilder Nr. 64–66).*

Nacheinander tauchten wir unsere Hände in den Bach. Das Wasser war frisch und sauber – ganz im Gegensatz zum Lokalfluß Rio de Nazca: Der stank, von Abfällen

65 66

aller Art angereichert, zum Himmel. Die nächste Spirale, die in die Tiefe führte, lag lediglich 70 Meter entfernt, und dann folgten in Abständen von wenigen hundert Metern weitere fünf. Alles Brunnen mit Frischwasser, gespeist aus einer unbekannten Quelle, angelegt von einem Volk, dem es ungeheuer wichtig gewesen sein mußte, gerade an diesem Ort über Frischwasser zu verfügen. Das mag banal klingen, ist es aber im Zusammenhang mit Nazca nicht. Die Nachbartäler von Nazca sind das Ingenio- und das Palpatal. Dort strömt von den Anden her *mehr* Wasser herab als im sogenannten »Rio« de Nazca. Was hindert ein kleines Volk von Indios, das einen bescheidenen Ackerbau betreibt, daran, in den angrenzenden Tälern zu siedeln? Oder 50 Kilometer Richtung Osten ein Andental aufzusuchen, wo es Frischwasser gab? Weshalb legte man solchen Wert darauf, in diesem trostlosen Gebiet von Nazca zu verharren? Wandernde Menschengruppen denken niemals unpraktisch. Wasser ist die Lebensvoraussetzung für jede Siedlung. Nun gab's aber keines oder nur sehr wenig – auf alle Fälle *zuwenig*. Dies beweist das unterirdische Drainagesystem um Nazca. Irgend etwas mußte diesen speziellen Punkt in der ausgetrockneten Wüstenei hervorheben. Er mußte, in welcher Weise auch immer, einzigartig sein. Deshalb blieb keine andere Wahl, als hier und nur hier zu siedeln; und weil's kaum Wasser gab, mußten die Puquios her. Mich erinnert dies an die älteste Stadt der Maya in Mittelamerika, Tikal. Auch dort mangelte es an Wasser, und trotzdem entstand eine gewaltige Metropole mit Tausenden von Bauwerken und über 70 Pyramiden. Weshalb hatten sich die Maya nicht am 40 Kilometer entfernten Peten-Itza-See angesiedelt? Weil der Boden von Tikal ein heiliger Grund war. Hier soll sich ursprünglich »die Himmelsfamilie« niedergelassen haben.[33] Der geographische Punkt wurde zum Wallfahrtsort. Also mußte das Volk hierbleiben und sonst nirgendwo! Weil kein Wasser vorhanden war, entstanden kilometerlange Wasserleitungen und riesige, unterirdische Wasserreservoirs.

Vermutlich war es in Nazca nicht anders. Es gibt keinen vernünftigen Grund für einen Indio-Stamm, in einer trostlosen Gegend zu siedeln – es sei denn die Macht der Religion. Welcher Religion? Hatten die pistenähnlichen Linien von Nazca damit etwas zu tun? Das unterirdische Kanalsystem existiert – und dies behauptet auch die Fachliteratur – »nur in der Gegend von Nazca«[34].

Wie waren die unterirdischen Kanäle gebaut worden?

Uli, Valentin und ich stützten uns gegenseitig, um soweit wie möglich in vereinzelte Kanäle zu kriechen. Die Wasserleitungen, aber auch die Zugangslöcher waren von unterschiedlicher Bauart. Mal führten steinerne Spiralen in die Tiefe, und die Leitungen lagen in einem künstlichen, mit Granitplatten abgedeckten Bett aus sauber gehauenen Steinen. Dann wieder entpuppte sich das Zugangsloch als in den Boden gegrabener Schacht, der ohne abstützende Gesteinsplatten von oben in die Tiefe getrieben worden war *(Bilder Nr. 67 + 68)*. Das Erdreich über der Wasserleitung betrug immerhin bis zu sechs Meter. Und in allen Fällen erwiesen sich die eigentlichen Wasserkanäle als künstlich hergestellte Leitungen. Die Fachliteratur nennt unterschiedliche Maße für diese Kanäle: 50 Zentimeter breit, 70 Zentimeter hoch oder 70 mal 70 Zentimeter.[35] Gerade ausreichend für einen Mann in gebückter Haltung. Zweifelsfrei verlaufen mindestens zwei dieser Leitungen unter dem Flußbett des Rio de Nazca durch.[36] Niemand kennt den weiteren Weg. Da drängt sich doch die Frage auf: Warum und wie? Weshalb verlegten die Erbauer eine Wasserleitung *unter einem Flußbett* hindurch? Es gab doch diesseits und jenseits des Flusses mehrere Puquios. Und wie vollbringen prähistorische Indios mit ihren simp-

67

68

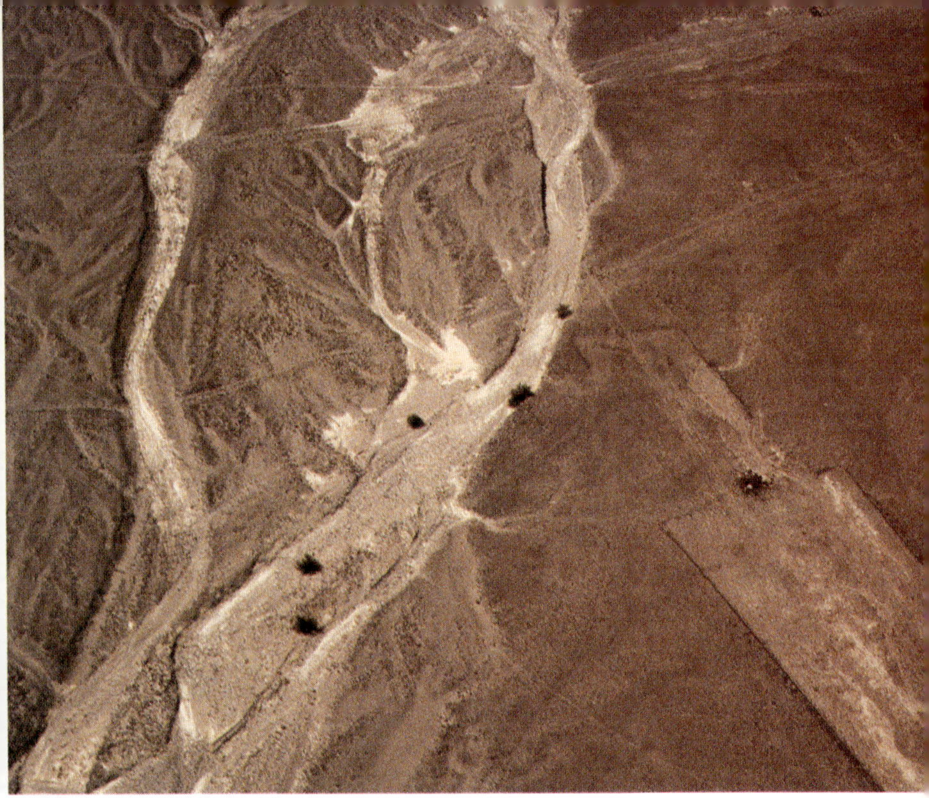

69

len Werkzeugen und Abdichtungsmethoden dieses Wunder? Haben sie den Fluß trockengelegt? Wohl kaum. Also müßten sie nach der Bergbaumethode einen Tunnel gebohrt haben. Wie funktioniert das angesichts des Wassers vom darüberliegenden Fluß? Das durchsickernde Wasser müßte die Stollenarbeit unmöglich gemacht haben.

Kurios auch dies: Die spanischen Eroberer wußten weder etwas über die Figuren und Linien in der Ebene von Nazca noch über das unterirdische Leitungssystem. Also muß die unterirdische Welt älter sein. Verschiedene Fachleute haben Datierungen versucht – mit unterschiedlichen Resultaten: Zwischen 1400 unserer Zeitrechnung bis in eine mystische Zeit in grauer Vergangenheit ist nichts auszuschließen. Es besteht sogar die Möglichkeit, daß die Anlagen unter dem Boden weit älter sind als die überirdi-

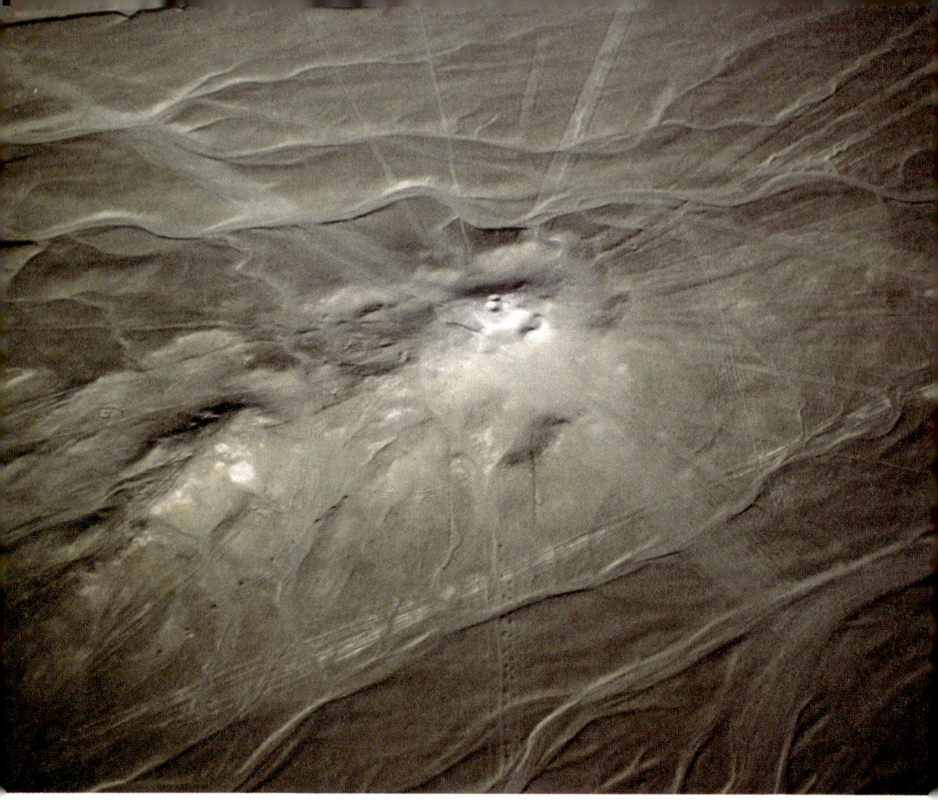

70

schen Zugänge.[37,38] Nur eines ist sicher: Im Gebiet von Nazca existiert ein riesiges, unterirdisches Kanalnetz (»una verdadera red subterránea«[35]). Die hierfür angewandte Technik ist unbekannt, aber »einmalig für Peru und wohl für ganz Amerika«[34]. Hatte dieses Kanalnetz *nicht nur* mit der Frischwasserversorgung der Indios zu tun, *sondern auch* etwas mit den Pisten? Nicht auszuschließen. Schon zu Beginn der vierziger Jahre entdeckte Alberto Rossel Castro zwischen dem Rio Grande und der »Carretera Panamericana«, der Hauptstraße in Nord-Süd-Richtung, gleich drei Puquios. Sie tragen die Namen Achako, Anklia und San Marcelo. Der Puquio San Marcelo liegt immerhin zehn Meter unter der Oberfläche zwischen den Bächen Aja und Tierra Blanca. Diese kleinen Wasserläufe führen nur temporär Wasser. Genau dort aber

71

72

beginnen bereits die ersten Linien von Nazca. Die sporadischen kurzen Überflutungen berühren die Pisten höchstens an ihren Rändern. Versickert das Wasser in einem unterirdischen Auffangsystem? Eine weitere Wasserleitung auf der östlichen Seite der Straße wird »Kurpe« genannt. »Kurpe« liegt vor einem Bergausläufer, aber immer noch im Gebiet der Linien von Nazca. Hier beträgt der Durchmesser des Einstiegslochs volle 20 Meter.

Auf der Wüstenfläche von Nazca gibt es zwei Stellen (vielleicht mehr, aber ich kenne nur diese beiden), an denen sich viele Linien aus allen Himmelsrichtungen vereinigen. Und mitten darin klafft ein Loch im Boden. Ein Zugang zu einem Puquio? *(Bilder Nr. 71–73)* Sehr gern hätte ich mich vom Helikopter an einer solchen Stelle abseilen lassen, um das Loch im Zentrum der Linien näher zu begutachten. Das ging in der Praxis nicht. Man bekommt keine Bewilligung für derartige Aktionen.

Was also hat es mit dem Rätsel Nazca auf sich? Ist irgendeine der vielen Nazca-Theorien die richtige? Oder ist uns allen etwas Entscheidendes entgangen?

◁ 73

WAS GESCHAH IN NAZCA?

Der Unterschied zwischen Gott und den Historikern besteht vor allem darin, daß Gott die Vergangenheit nicht mehr ändern kann.

Samuel Butler, 1835–1902

Im roten Gestell meines Büros, direkt im Blickwinkel, stapeln sich 102 Bücher, Magazine und Broschüren über Nazca. Ich habe sie alle durchgeackert, mit farbigen Markierungen versehen und handschriftliche Bemerkungen an den Rand gekritzelt. Nazca ohne Ende! Theorien noch und noch! Wobei so mancher Autor nur vom anderen eine Meinung übernimmt und dem Fachmann rasch klarwird, daß der betreffende Schreiberling nie in Nazca gewesen sein kann. Es sei denn, er opferte seine kostbare Zeit für einen kurzen Touristentrip. Die Wissenschaft, die es eigentlich wissen müßte, kann ebenfalls nichts Gesichertes über Nazca vorweisen. Obwohl bei der Lektüre der im selben Strickmuster verfaßten wissenschaftlichen Publikationen die Vermutung aufkommt, als sei der Fall längstens abgehakt.

Endlich – so lese ich im Wissenschaftsmagazin »Nature« – sei die Datierung geklärt.[39] Wie? In der Hitze bildet sich um die Steinchen eine Patina (hauchdünne Schicht), die auch Manganoxide, Eisenspuren und Tonmineralien enthält. *Unter* dem Stein hingegen entwickeln sich Flechten, Pilze und Cyanobakterien, also organische Materie. Jetzt muß man nur Steine finden, die noch von den ehemaligen Erschaffern der Nazca-Linien vom ursprünglichen Standort entfernt worden waren, und kann dann mit der C14-Methode die organischen Spuren darunter datieren. Denn die Flechten und Pilze bilden sich ja nicht in der glühenden Hitze, sondern lediglich an der Schattenseite des Steins. Nun wimmelt es an den Pistenrändern von Nazca von Steinen, die – so die wissenschaftliche Annahme – von den Erbauern weggetragen worden sein müssen. Seither blieben sie unberührt an ihrem neuen Standort und ermöglichten somit das Wachstum von Flechten und Pilzen. Man sammelte also *neun* Steine vom Rand einer Nazca-Linie oder -Piste. Die Datierung ergab ein Alter von 190 vor bis 600 nach Christus. Die »Neue Zürcher Zeitung« ergänzte: »Auf diese Weise wurden Werte erhalten, die mit der rein stilistischen Datierung der Nazca-Keramik ziemlich genau übereinstimmen.«[40]

Diese Methode mag ja was für sich haben. Doch mit welcher Sicherheit läßt sich denn behaupten, daß die neun untersuchten Steinchen tatsächlich von den ehemaligen Erbauern weggetragen und ihren Standort seither nie mehr geändert haben? Vielleicht gab es vor 1800 Jahren schon vorinkaische Touristen, die über die Pampa schlenderten und mit ihren Sandalen Steinchen vom Rand der Linien zu einer anderen Stelle bugsierten. Wobei gegen das ermittelte Alter wenig einzuwenden ist – nur: Betrifft dies auch die erste und älteste aller Pisten?

Professor Dr. Anthony Aveni, Anthropologe und Astronom von der US-amerikanischen Colgate University, weiß genau, was in Nazca geschah: »We now know the identity of the line markers« (»Wir kennen jetzt die Identität der Linienhersteller«), schreibt er, um dann zuerst einmal Maria Reiches Überlegungen in Frage zu stellen.[41] Frau Reiche habe mehrere der großen Tierfiguren als Sternenkarten identifiziert. Zum Beispiel den Affen mit den Hauptsternen der Sternbilder Löwe und Großer Bär, die Spinne mit dem Orion. Aber Reiches Vorschläge würden, so Professor Aveni, zuwenig über das Volk aussagen, das die Figuren anlegte.

Dieses Volk findet Professor Aveni im heutigen Cuzco. Dort, hoch in den Anden, existiert tatsächlich auch ein vorinkaisches Liniensystem. Die lokalen Indios um Cuzco nennen es *»ceques«*. Es handelt sich dabei um ein Netz von sichtbaren *und* unsichtbaren Linien, die strahlenförmig auf Cuzco zulaufen. Das »Ceque-System« um Cuzco wird mit dem Kalender, dem Wasser und den Berggöttern in Verbindung gebracht, und heute noch finden jährliche Zeremonien *auf* bestimmten Linien statt. Dies überträgt Aveni auf Nazca: Er meint, es bestünden geometrische Verbindungen zwischen den Linien einerseits und unterirdischen Wasserläufen andererseits. Wie heute bei den Ceques oberhalb von Cuzco hätten auch die Nazca-Indios ihre Rituale und Linien zu Ehren des Wassers vollzogen. Dann fragt Aveni, ob die Linien von Nazca sowohl als rituelle Ziellinien als auch als eine Art von Straßen benutzt worden seien. Gemeint sind Straßen für Zeremonien und Plätze für rituelle Tänze. Und Aveni schlägt sogar vor, vielleicht hätten die Linien und geometrischen Figuren in Nazca jeweils ein Gebiet von ehrfurchtsvoller Arbeit markiert. Erst jetzt, so Aveni, könne man mit Sicherheit bestätigen: Das Nazca-Volk erschuf die Nazca-Linien.

Toll! Wer denn sonst? Nach dieser Lesart hätten sich Indiostämme um Nazca bestimmte Gebiete ausgesucht, um dort ihre Zeremonialtänze aufzuführen. Die geraden, schmalen Linien zeigten auf das heilige unter- und überirdische Wasser, und geometrische Figuren entstanden im gläubigen Eifer zu Ehren irgendwelcher Gottheiten. Frau Professor Helaine Silverman, die Koautorin des Aveni-Artikels, hatte bereits in einer eigenen wissenschaftlichen

Veröffentlichung erkannt, die Scharrzeichnungen auf der Ebene von Nazca seien die Stammeszeichen der verschiedenen Indioclans.[13] Ich habe grundsätzlich gar nichts gegen eine solche Betrachtungsweise, nur muß dann die Frage erlaubt sein, wie denn eigentlich die diversen Indiogemeinschaften ihre eigenen Stammeszeichen und diejenigen der Konkurrenzfamilien überblickten? Schließlich sind sie nur aus der Luft erkennbar und keineswegs – wie immer wieder zu lesen ist – von irgendwelchen Bergen aus. Dies betrifft nur die Figuren in der Pampa, nicht die Pisten und langen Linien.

Der amerikanische Professor Dr. Aldon Mason, Archäologe mit Hauptgebiet Südamerika, schreibt seitenlang über Keramiken und Textilien, die zwischen Paracas und Nazca gefunden wurden. Ein paar Striche, eine andere Farbe, und schon hat man es mit einer neuen Stilrichtung zu tun. »Das Fehlen von Blau und Grün ist bemerkenswert. Die Motive zerfallen in zwei Hauptkategorien: naturalistisch-zoomorphe und mythologische Darstellungen.«[42] Man erfährt, daß die Nazca-Gräber flaschenförmig angelegt worden seien, mit einem oberen Schacht und einer Tiefe von bis zu fünf Metern. (Bei *der* Beschreibung denke ich sofort an Cabreras »Depot«.) »Viele der Nazca-Schädel zeigen eine Längsdeformation«, notiert Professor Mason.

Diese Feststellung verdient unser Interesse. (Im Museum von Ica sind zwei dieser Schädel ausgestellt.) Seit Jahren frage ich mich, weshalb Menschen ihren Kleinkindern die Tortur antun, deren noch weiche Schädelknochen in die Länge zu verformen. Wäre das Phänomen auf Peru beschränkt, so könnte man es als lokale Absonderheit abtun. Doch deformierte Schädel fand man in Nordamerika, Mexiko, Ecuador, Bolivien, Chile, Patagonien, Ozeanien, im eurasischen Steppengürtel, in Zentral- und

Westafrika, in den Atlasländern, in der Bretagne und selbstverständlich im alten Ägypten. Und jetzt, wie Professor Mason versichert, auch in Nazca-Gräbern.

Welche Perversion veranlaßte unsere Vorfahren, die zarten Köpfe ihrer eigenen Kinder in die Länge zu quetschen? Archäologen reden von einem »Nützlichkeitsdenken« wie etwa dem Tragen von Stirnbändern, das durch den deformierten Schädel leichter geworden sei. Ich glaube kein Wort davon. Ein normaler Kopf mit einer normalen Stirn vermag mit einem Stirngurt größere Lasten zu schleppen als ein in die Länge gezogener Hinterkopf. Auch von einem »Schönheitsideal« wird in der archäologischen Literatur gesprochen sowie von der »Unterscheidung einer sozialen Gruppe von außen«.

Ich gestatte mir eine andere Ansicht. Der Mensch war immer ein großer Imitator. Er orientierte sich, und zwar bis auf den heutigen Tag, stets an irgendwelchen Vorbildern – egal in welchem Bereich. Die Schädeldeformationen sind nichts anderes als die widernatürliche »Verschönerung« von Menschen. Als das scheußlichste Beispiel menschlicher Eitelkeit waren sie in vorgeschichtlicher Zeit derart »international«, daß sie mühelos auf einen gemeinsamen Nenner gebracht werden können.

Aber *wer* sollte imitiert werden? Überall auf dem Erdenrund waren die Menschen den respekteinflößenden Göttern begegnet. Allerorten strebten imitierende Wichtigtuer danach, diesen Wesen wenigstens äußerlich zu gleichen. Rasch bedienten sich die Priester des Tricks, mittels langgezogener Hinterköpfe göttergleich zu wirken. Damit ließen sich die Mitmenschen prächtig beeinflussen!

Deformierte Schädel in Nazca-Gräbern verblüffen mich nicht. Ich hätte mich gewundert, wenn keine entdeckt worden wären. Sie passen ins Gesamtbild der Gegend wie die zoomorphen Figürchen oder die Teppiche mit mystischen Darstellungen. Wobei mir zwei Neurologen, also medizinische Nerven- und Gehirnspezialisten, noch einen zusätzlichen Gedanken mit auf den Weg gaben: Es ist ohne weiteres möglich, die weichen Schädelknochen eines Säuglings Tag für Tag zwischen zwei Brettern in die Länge zu drücken, bis sie schließlich den doppelten oder dreifachen Umfang eines normalen Kopfes erreichen. Doch das *Gehirnvolumen* wächst deshalb um keinen Kubikzentimeter. Die Größe der Gehirnmasse bleibt von der Schädeldeformation unbeeinflußt. Der Rest des Schädels füllt sich lediglich mit Flüssigkeit. Das Resultat ist entweder nicht überlebensfähig oder ein sogenannter Wasserkopf.

Bislang wurden weltweit alle deformierten Schädel einfach katalogisiert. Exakte Untersuchungen auf der Basis einer neuen Fragestellung fanden nie statt. Alles schien so klar und selbstverständlich. Wie wäre es, wenn zumindest einige dieser Schädel gar nicht irdisch sind?

Über die Scharrzeichen auf der Ebene von Nazca meint Professor Aldon Mason: »Ohne Zweifel wurden sie für das Auge himmlischer Gottheiten angelegt.« Endlich mal ein vernünftiger Gedanke!

Die Kult-Litanei

Nur große Verlagshäuser können es sich leisten, regelmäßig opulent gestaltete Bilderbücher herauszugeben. Das Zielpublikum ist vorwiegend die jugendliche Leserschaft. Sie erfährt in einem der Bildbände über die Linien von Nazca, manche Autoren – damit bin ich gemeint! – würden diese Außerirdischen zuschreiben. Doch zur Unterstützung einer solchen Hypothese »müßte man sich schon über bestimmte Tatsachen hinwegsetzen« und annehmen, höhere Intelligenzen hätten sich »mit Lichtgeschwindigkeit fortbewegt und die Wüste von Nazca als Raumflughafen«[43] benutzt.

Dies ist der alte Unsinn, der mehr als die Hälfte der Wissenschaftsliteratur infiziert. Einer übernimmt vom anderen: Pingpong. Erstens: Um interstellare Raumfahrt zu betreiben, benötigt man keine Lichtgeschwindigkeit, auch nicht die Hälfte oder ein Zehntel davon. Es funktioniert auch mit einem oder zwei Prozent der Lichtgeschwindigkeit. Und dies halten Fachleute in einer nahen Zukunft für durchaus realistisch.[44,45] Und zweitens: Nirgendwo und nirgendwann habe ich behauptet, die Wüste von Nazca sei ein »Raumflughafen« gewesen.

Weiter schreibt die Archäologin Simone Waisbard, die meisten peruanischen Fachleute stimmten darin überein, »daß die Zeichnungen von Nazca ein astronomischer Kalender sind«[43]. Uff! Die Menschen von Nazca hätten einen harten Kampf ums Dasein geführt, und um diesen Kampf zu bestehen, hätten sie große Bewässerungsanlagen errichtet. Die allgemeine Ansicht gehe dahin, »daß das riesige Bilderbuch von Nazca dazu diente, die zu erwartenden Niederschlagsmengen zu bestimmen«. Noch heute würden viele Bauern in den Sternen das »Herabströmen von Wasser« lesen. Und schließlich noch dies: Die Nazca-Indianer hätten vermutlich »aus dem Flug der Seevögel«, die den Nazca-Zeichnungen ähnelten, das Wetter vorausgesagt.

Wie so manches, das in der Wissenschaftsküche gegart wurde, klingen solche Überlegungen eigentlich recht vernünftig. Sie sind es nur nicht. Seit wann läßt sich an den Sternen ablesen, wie hoch eine erhoffte Niederschlagsmenge sein wird? Zudem regnet es in Nazca ohnehin nie, das war auch vor Jahrtausenden nicht der Fall. Wäre dies anders, so gäbe es heute keine Bodenzeichnungen mehr.

Um den Kampf ums Dasein zu gewinnen, hätten die Menschen ihre unterirdischen Wasserleitungen angelegt. Sicher stimmt es, daß die Nazca-Indios Wasser zum Überleben benötigten. Doch weshalb ließen sie sich überhaupt erst in diesem ausgedörrten Gebiet nieder? Und letztlich: »Seevögel« ähneln hinten und vorne nicht den Nazca-Zeichnungen. Es bereitet große Mühe zu verstehen, weshalb unsere Jugend in wunderbaren Bildbänden mit derartigen Torheiten infiziert wird.

Auch die ewig wiedergekauten Kalendertheorien, von denen es in der archäologischen Literatur nur so wimmelt, unterstellen unseren Altvordern, sie seien besonders doof gewesen. Dies gilt für die Vorfahren in Nazca, Stonehenge oder anderswo in der weiten Welt. Die Jahreszeiten waren für Steinzeitmenschen das Alltäglichste und Banalste ihres Lebens. Alljährlich wurde es Frühling, Sommer, Herbst und Winter, und dies war auch schon zu Vaters und Großvaters Zeiten so. Gerade prähistorische Menschen wie Jäger und Sammler erkannten die Jahreszeiten in der Natur. Es ist kein priesterliches Geheimwissen nötig, um wahrzunehmen, wann der Boden weich wird, wann bestimmte Käfer kriechen oder wann die ersten Gräser und Pflanzen sprießen. Ohne jeden Sternenzauber sahen die Steinzeitmenschen, wann die Beeren reif waren und wann bestimmte Früchte. Natürlich läßt sich aus Gestirnkonstellationen, die Jahr für Jahr zur gleichen Zeit am Firmament erscheinen, ablesen, wann es Frühling wird. Nur lebensnotwendig ist dies überhaupt nicht.

Und wozu könnten die Pisten und trapezähnlichen Flächen gedient haben? »Waren es Pferche für die heiligen Tiere, die man den Göttern opferte? Ackerparzellen, die an die Filtergalerien angeschlossen waren? Sternwarten? Oder Plätze, auf denen sich die Stämme bei rituellen Festen versammelten?«[43]

Der Phantasie sind keine Grenzen gesetzt, Hauptsache, man bleibt auf dem Boden der Vernunft. Wären die Trapezflächen »Pferche für Tiere« gewesen, so hätten sie eingezäunt werden müssen. Davon ist keine Spur erkennbar. Genausowenig kommen Ackerparzellen in Frage. Gerade *weil* nichts wuchs, sind die Trapez- und Pistenflächen überhaupt erst sichtbar. Und die Plätze für rituelle Feste würden wir auch heute noch leicht erkennen: an den Fuß- oder Sandalenspuren der einstigen Tänzer. Und immer wieder möchte ich einen Gedanken wie einen roten Faden durch alle Nazca-Überlegungen ziehen: Falls es um rituelle Tänze und ähnliches ging – weshalb gerade dort? Warum um alles in der Welt in diesem ausgetrockneten Glutgebiet? Schließlich erklären alle diese »vernünftigen Lösungen« rein gar nichts über die Zickzacklinien *unter* bestimmten Pisten. Sie ignorieren die Figuren an den Bergwänden und begründen nicht, weshalb ganze Bergkuppen nivelliert werden mußten, um einer Piste – so breit wie eine vierspurige Autobahn – Platz zu machen. Die so sachlich klingenden wissenschaftlichen Interpretationen begnügen sich mit Stückwerk.

Im wissenschaftlichen *Weltatlas der alten Kulturen* erfährt der verdutzte Leser, manche der Nazca-Linien könnten Pfade gewesen sein, »die sakrale Bedeutung hatten und bei bestimmten Riten abgeschritten wurden«. Vorrangig aber seien die Linien »wahrscheinlich als Opfer für die Ahnen oder für Himmels- und Berggötter gedacht, die auch das Wasser spendeten, das man für den Feldbau so dringend brauchte«.[46]

In der bodenständigen Wissenschaftsliteratur darf über Nazca alles gesagt werden, nur das nicht, was sich den Augen präsentiert. Da werden geradezu groteske gedankliche Klimmzüge vollbracht, um die Welt in Ordnung zu halten. Die Nazca-Indios müßten nach diesen Denkschemata besondere Tölpel gewesen sein. Deshalb zum x-ten Mal: Im Wüsten- und Berggebiet von Nazca *gab* es keinen »Feldbau«. Ackerbau wurde – und wird auch heute – ausschließlich in jenen Tälern betrieben, die von den Anden mit Wasser versorgt werden. In welchem Umfang noch zusätzliche Flächen mittels der unterirdischen Wasserleitungen begrünt wurden, wissen wir nicht. Doch hätten jene zusätzlichen Grünareale ohnehin nichts mit den Pisten, Linien und Figuren von Nazca zu tun. Diese haben ja gerade nur deshalb die Jahrtausende überlebt, *weil* nichts grünte und blühte.

Mit einem völlig anderen Denkansatz versucht Albrecht Kottmann das Nazca-Rätsel zu knacken. Er unterteilt die Figuren in verschiedene Maßeinheiten. Beispiel: »Das Bild [des Vogels] ist 286 Meter lang. Wenn man die Länge in 22 Teile zerlegt, entfallen drei auf den Körper, fünf Teile auf den zackigen Hals, zwei Teile auf den Rest des Halses samt Kopf und schließlich zwölf Teile auf den überlangen Schnabel. Die Länge zwischen Schwanzfeder und Schnabelansatz verhält sich zur Länge des Schnabels wie 5:6.« Kottmann vermutet hinter den geometrischen Zeichnungen eine »Zeichenschrift, bei der dieselben Worte einmal mit Riesenlettern, ein andermal mit winzig kleinen Buchstaben geschrieben sind«.[47]

Vielleicht läßt sich mit Mathematik ein Teil der Nazca-Fragen aufhellen. Ich mag das nicht beurteilen. Nur erklärt mir die Aufteilung der Figuren in Unterabschnitte erneut nichts über die Pisten und die Zickzacklinien darunter.

Nazca-Töne der eher sachlichen Art produziert der Brite Evan Hadingham. Nichtsdestotrotz schlägt er vor, kräftige Pflanzendrogen (»powerful plant hallucinogens«) könnten die Ursache für das Treiben der Nazca-Indios gewesen sein[48]. Die machen die Kuh auch nicht satt. Mit einem drogenvernebelten Schädel löst man keine geometrischen Probleme. Hadingham meint sogar, der Gedanke, mit den Linien seien Berggötter verehrt worden, sei wohl der einzige Schlüssel zum Nazca-Rätsel. Wie ich noch darlegen werde, sind auch die Berggötter völlig unschuldig am Phänomen von Nazca.

Akademische Geister

Wer nun hofft, damit seien die wesentlichen Theorien um Nazca abgehakt, darf sich noch ein bißchen weiteramüsieren. Der Anthropologe William H. Isbell von der New Yorker Staatsuniversität löste alle Nazca-Probleme mit einem Wort: Beschäftigungstherapie! Die Indios hätten, schlug Isbell vor, keine Vorratslager besessen, um Feldfrüchte einzulagern. Deshalb habe in den guten Erntejahren die Gefahr bestanden, daß die Bevölkerung sich unmäßig vermehrte und in Jahren schlechter Ernte am Hungertuch nagte. Was tun? »Die Lösung des Problems bestand darin, ein gemeinsames Interesse der Bevölkerung an zeremoniellen Arbeiten zu erhalten, die genügend Energie verzehrten, um wirtschaftliche Überschüsse regelmäßig abzuschöpfen.« Es sei, doziert der New Yorker Gelehrte, völlig belanglos gewesen, ob die Indios das Werk ihrer Beschäftigungstherapie selbst hätten betrachten können oder nicht. Es war eben nur Arbeitsbeschaffung, um »auf diese Weise die Bevölkerungszahl zu regulieren«.[49]

Vermutlich sind »Kalorienpriester«, das müssen wohl die mit den überproportionierten Schädeln gewesen sein, mit Tabellen herumgerannt.

Die diversen Gelehrtenmeinungen machen sich selbst Konkurrenz. Mal haben die Indios unterirdische Wasserstraßen angelegt, um mehr Felder berieseln zu können, dann hopsten sie auf den Trapezflächen herum, opferten den Berggöttern, mampften Drogen oder praktizierten mittels Beschäftigungstherapie eine gezielte Geburtenkontrolle. Es scheint nichts zu hirnrissig, um nicht ernsthaft in die Diskussion gebracht zu werden. Nichts?

Helmut Tributsch, Professor für Physikalische Chemie an der Freien Universität Berlin, löste das Nazca-Rätsel mit einem globalen Rundumschlag. Er meint, die großen vorgeschichtlichen Kultstätten seien »immer an Orten errichtet worden, an denen Luftspiegelungen besonders häufig auftreten«[50]. Als Beispiele dienen dem Herrn Professor die Menhirfelder in der Bretagne, Stonehenge in England, Olmeken-Heiligtümer am Golf von Mexiko, die Pyramiden Ägyptens und – eben! – Nazca. Was hat die Menschen zu ihren rätselhaften Werken angetrieben? Fata Morganas!

Am Himmel tun sich, nach Professor Tributschs Ansicht, »farbenprächtige Schauspiele« auf. Weit entfernte Inseln, Wälder, Bauwerke und Seen spiegeln sich am Firmament. Diese Fata-Morgana-Kultstätten mußten natürlich groß sein, um überhaupt reflektiert zu werden. Auch die Nazca-Indios bestaunten diese Luftspiegelungen, und weil sie »am Himmel« zu erblicken waren, wurden sie für die Indios der Pampa zum »Jenseits«. Dies gilt laut »Ansicht« von Herrn Professor Tributsch auch für die Nazca-Linien. Nach diesen Erkenntnissen verpaßt mir der Berliner Gelehrte auch noch eine Ohrfeige: »Däniken behauptet schlicht und einfach, die riesigen Pisten in der Wüste von Nazca-Palpa wären von Astronauten anderer Planeten als Landebahnen ausgelegt worden.« Dabei habe es mich nicht gestört, »daß die Astronauten, die auf ihrer Reise den weiten Raum durchquert haben müßten, sich schlecht auf Tragflächenflugzeuge verlassen konnten«[50].

Was soll man dazu noch sagen? Wieder ein Wissenschaftler, der Däniken nicht gelesen haben kann. Denn hätte er es, könnte er nicht einen solchen Unsinn verzapfen. Zum einen steht bei mir nirgendwo, Außerirdische hätten in Nazca »Landebahnen ausgelegt«, und zum anderen, die armen ETs hätten sich gar auf »Tragflächenflugzeuge verlassen«. Zur Gedächtnisauffrischung dies: In den heiligen Schriften des alten Indien wimmelt es von Himmelsfahrzeugen unterschiedlicher Bauart. Man nannte sie »Vimanas«, und sie sind nicht nur en gros, sondern auch im Detail beschrieben worden.[16, 51] Kein einziges dieser Fluggeräte überbrückte die interstellaren Distanzen mit »Tragflächenflugzeugen«. Zu ihren irdischen Erkundungsflügen starteten alle ausnahmslos aus dem Hangar eines Mutterraumschiffs. Unabhängig von der Falschinterpretation des Gelehrten kann ich mit Fata Morganas in Nazca nichts anfangen. Für Luftspiegelungen ist das Vorhandensein von Wasser unabdingbar. Auf der Ebene von Nazca gab es keins. Zudem: Welche Art von Fata Morgana soll denn den unbedarften Nazca-Indios Pisten und verwirrende geometrische Figuren zugeblinzelt haben? Ich weilte oft und lange in Nazca – zu jeder Tageszeit. Ich habe in dem riesigen Gebiet noch nie auch nur den Schimmer einer Fata Morgana ausgemacht. Und alle Piloten, die ich befragte, ebenfalls nicht.

Hat vielleicht mein Landsmann, der Schweizer Professor Henri Stierlin, den Ariadnefaden gefunden, der aus dem Rätsellabyrinth von Nazca führt? Stierlin deutet die Nazca-Linien als »verbliebene Spuren gigantischer Webeketten«[52]. Diese erstaunliche Annahme basiert auf der Tatsache, daß die Nazca-Indianer hervorragende Weber gewesen sind. Nazca-Webereien in zauberhaften Farben wurden in unzähligen Gräbern und Kavernen der gesamten Region gefunden. Viele dieser Textilien haben keinen Saum und bestehen tatsächlich aus *einem einzigen* Faden, der kilometerlang sein kann. Eine dieser prächtigen Webereien wurde in einer Höhle bei Paracas entdeckt. Sie ist 28 Meter lang, sechs Meter breit und besteht aus Fäden von insgesamt 50 Kilometern.

Stierlins Überlegung geht davon aus, die vorkolumbischen Indios hätten weder das Rad noch die Drehscheibe gekannt, folglich auch keine Schlauchhaspeln oder Achsen für ein Spinnrad. Wie, fragt der praktische Schweizer, wurden die schier endlosen Fäden ausgelegt, um das mehrfarbige Gespinst nicht heillos zu verwirren und zu verknoten? In Nazca scheint die Antwort auf der flachen Hand zu liegen: Die Fäden wurden auf der Ebene ausgelegt, und davon zeugen – so Stierlin – heute noch die langen und geordneten Linien. Sie wären also die Überbleibsel einer gigantischen Webewerkstatt.

Ich versuche mir das praktisch vorzustellen: Tausende von Indios schlurfen im Gänsemarsch auf einer schnurgeraden Linie hintereinander her. In den Händen halten sie farbige Fäden, die auf Kommando in den trockenen Dreck gelegt, wieder aufgenommen und weitergereicht werden. Die emsigen Weber und Weberinnen müssen das Muster ihrer Arbeit wohl im Kopf gehabt haben, denn Papier- oder Papyrusvorlagen existierten nicht. Nun entstehen gewobene Textilien immer aus zwei Bahnen, die Fäden müssen sich schließlich im Knotenpunkt kreuzen. Zu den Menschenkolonnen in Längsrichtung gesellten sich diejenigen der Querrichtung. Die Fäden unterschiedlicher Farben wurden nun im Singsang hin und her gezogen, denn das Muster verlangte dauernden Farbwechsel. Und an den Punkten, an denen sich 40 Linien begegneten, kam es zu einem fürchterlichen Fadensalat. Wo bleiben eigentlich die Trampelpfade der fleißigen Webertruppe? Wo sind die Schleifspuren, die vom Abtransport der fertigen Textilien herrühren? Und wie erklärt Stierlins Theorie die vielen

Zeichnungen an den Berghängen? Wie die bis zu 23 Kilometer langen, wie mit dem Lineal gezogenen Linien, die über Berg und Tal verlaufen? Wie die Zickzack- und anderen Linien *unter* den Pisten?

Ich halte es für ausgezeichnet, wenn sich so viele Gehirne über das Nazca-Rätsel zermartern. Jede neue Idee ist durchaus begrüßenswert – bloß sollte sie nicht dauernd als »wissenschaftliche Lösung« etikettiert werden.

Auch hinter dem ehemaligen Eisernen Vorhang raubte das Nazca-Rätsel den Wissenschaftlern die verdiente Ruhe. Dr. Zoltan Zelko, ein Mathematiker aus Budapest, grübelte jahrelang, wie man dem Phänomen auf die Schliche kommen könnte. Endlich – heureka! – der erlösende Geistesblitz: »Die Linien entsprechen der 800 Kilometer langen und 100 Kilometer breiten Landkarte der Gegend des Titicacasees!«[53] Bruderherz, wie kommt man nun darauf?

Um den Titicacasee liegen rund 40 Ruinen aus Inka- und Vorinkazeit. Verbände man diese Ruinen mit bestimmten Erhöhungen im Titicacabecken per Linienziehung, dann käme das Nazca-System heraus. Wirklich? In diesem Liniennetz erkennt Zoltan Zelko ein Nachrichtenübermittlungssystem: »Nachrichten konnten durch Lichtsignale gegeben werden, mittels reflektierender Gold- oder Silberplatten, nachts durch Feuersignale. Vermutlich waren diese Signale in der Felsenwelt notwendig, um die im Tal Arbeitenden zu lenken und vor etwaigen Angriffen warnen zu können.«[53]

So weit, so schlecht. Zwischen dem Titicacasee und der Ebene von Nazca ragen gewaltige Bergketten mit Fünf- und Sechstausendern in den Himmel. Die Signale aus der dünnen Luft des Titicacasees kämen nicht weit. Auch angebliche Angreifer, welche die Nazca-Indios bedroht hätten, waren für die Stämme hoch oben am Titicacasee nie und nimmer auszumachen. Das bolivianische Gewässer liegt auf knapp 4000 Meter Höhe, von Nazca aus gesehen hinter den Anden am Ende der Welt.

Noch etwas abgehobener als Dr. Zelko sieht Siegfried Waxmann das Liniengewirr von Nazca. Er erblickt darin einen »Kulturatlas der Menschheitsgeschichte«[54].

Wer Haare hat, zieht daran neue Lösungsvorschläge herbei. Wolf Galicki aus Kanada erkennt im Nazca-Liniensalat eindeutig »Signale einer außerirdischen Intelligenz«. Ach ja, und »nur aus dieser Betrachtungsweise können wir die immense Planung und die unfaßbare Arbeitsleistung verstehen«.[55]

Ein vorgeschichtliches Olympia?

Da kehre ich augenblicklich zur Erde zurück. Fest mit den Beinen auf dem Boden steht auch der Münchener Patentanwalt Georg A. von Breunig. Er sieht in den Scharrbildern einen vorinkaischen Sportplatz. Zu Ehren besonderer Götter oder anläßlich ritueller Wettkämpfe hätten Indioläufer die Figuren und Linien abspurten müssen.[56,57] Diese Idee – warum nicht? – versuchte der deutsche Fernsehprofessor Hoimar von Ditfurth via Bildschirm zu untermauern und anschließend in einem seriösen Magazin zu verewigen.[58] Wenn Athleten Kurven durchlaufen, so Ditfurth, müßten dort mehr Steine und Sand angehäuft sein als auf den Geraden. De facto brachten Messungen vor Ort das gewünschte Resultat – in zwei Kurven.

Die hypothetischen Läufer wären auf der über 1000 Quadratkilometer weiten Ebene den weitsichtigsten Augen entschwunden, den Zuschauern nicht mal in der Winzigkeit von Ameisen erkennbar. Zudem hätte kein Kampfrichter feststellen können, um welche Figur der Sportsmann gerade seine Runde drehte, denn die Figuren sind ja nur aus der Luft zu erkennen. Ach ja, und das Trinkwasser für die ausgelaugten Läufer und die schlappen Zuschauer stammte aus den Zapfstellen der unterirdischen *Puquios*. Nun, nichts ist letztlich unmöglich, auch die Ideen des Herrn von Breunig nicht – bloß erklären auch sie nichts über die Pisten im Gebirge oder die Muster *unter* den Pisten. Zudem ist im Fernsehen, als von Breunigs Hypothese vorgestellt wurde, geschummelt worden. Viele der Nazca-Figuren – ich komme noch darauf zurück – kleben an den Berghängen. Man *kann* sie gar nicht abspurten! Diese großen Bilder wurden dem Publikum glatt unterschlagen. Sie zu zeigen wäre fatal gewesen. Eine Theorie wäre gekippt.

Und was ist aus Maria Reiches Kalendertheorie geworden?

Gerald Hawkins, Professor für Astronomie am Smithsonian Astrophysical Observatory in Cambridge, Massachusetts, reiste mit einigen Mitarbeitern nach Nazca. Im Gepäck hatte die Forschergruppe neueste Vermessungsgeräte und einen Computer, in dem alle wichtigen Sterngruppierungen gespeichert waren. Das Computerprogramm enthielt auch eine Zeitachse, auf welcher sich die Standorte der Gestirnskonstellationen für die letzten 6900 Jahre abrufen ließen. Nach mehrwöchigen Vermessungsarbeiten im Gelände von Nazca druckte der Computer niederschmetternde Antworten aus. Professor Hawkins: »Nein, die Nazca-Linien sind nicht auf die Gestirne ausgerichtet... Enttäuscht mußten wir die Theorie eines astronomischen Kalenders aufgeben.«[59]

Trotz dieser wissenschaftlichen Klarstellung taucht in der Literatur immer noch die Behauptung auf, es sei erwiesen, daß die Linien und Scharrzeichnungen von Nazca insgesamt einen gigantischen astronomischen Kalender ergeben würden. Zweifellos ist es für Frau Reiche enttäuschend, ihre ein Leben lang verfochtene Theorie durch einen Computer zerstört zu sehen. Immerhin bleibt es ihre epochale Leistung, Nazca vermessen und katalogisiert zu haben.

Dieses Nazca scheint sich jeder Logik zu entziehen. Theorie um Theorie wird gekippt. Gab es denn nichts, was alle überzeugte?

Der Amerikaner Jim Woodmann schlug einen praktischen Weg ein. Er ließ sich aus feiner, peruanischer Baumwolle einen dreieckigen Heißluftballon zusammennähen. Das Luftfahrtgerät wurde »Kondor« getauft. Aymara-Indianer vom fernen Titicacasee flochten eine Gondel aus leichtem Schilfrohr, 2,50 Meter lang und 1,50 Meter hoch. In der Nähe von Cahuachi, der ehemaligen Hauptstadt der Nazca-Indianer, war die erste Testfahrt geplant. Ein Feuer wurde entfacht und die heiße Luft in den Ballon geleitet. Jim Woodmann und Julian Nott kletterten in die Gondel. Langsam erhob sich der »Kondor«, doch dann kippte die Gondel, und die beiden Ballonfahrer fielen heraus. Vom Gewicht der beiden Männer befreit, machte der Ballon einen Sprung und tänzelte leicht wie ein Kinderballon in lichte Höhen. Nach einigen Kilometern landete der »Kondor« irgendwo auf dem Wüstenplateau.[60]

Der ungesteuerte Ballonflug brachte Jim Woodmann auf einen neuen Gedanken: In Peru scheint nahezu jeden Tag die Sonne, und im Gebiet von Nazca ist es besonders heiß. Wie wäre es, wenn ein schwarzer Ballon aus sehr leichtem Material sich im Laufe des Tages selbst aufheizen würde? Vielleicht bestatteten die Inka ihre Toten auf diese luftige Weise, oder ihre Herrscher gondelten durch die Lüfte und bestaunten aus der Vogelperspektive die Scharrzeichnungen.

So naheliegend die Ideen von Jim Woodmann auch waren, sie erklären das Rätsel Nazca nicht. Zum einen geht es gar nicht um die Inka, die »Söhne der Sonne«. Die Nazca-Pisten sind viel älter. Zum anderen wissen wir nicht, ob irgendwelche Stämme die Ballonfahrt beherrschten. Wenn in Nazca, wieso denn nicht auch anderswo? Und weshalb sollte eine derart praktische Erfindung wie die Ballonfahrt in Vergessenheit geraten? Die späteren Inka betrieben mit Sicherheit keine Heißluftballone. Selbst die Idee, die Nazca-Indios hätten den Leichnam eines verstorbenen Herrschers in einem Heißluftballon »der Sonne entgegengeschickt«, hilft nicht weiter. Schließlich landete der Ballon wieder irgendwo, oder der Ballonkorb zerschellte im Gebirge. Und der ganze, schöne Flugzauber war dahin. Zudem: Seit wann benötigt man zum Start oder zur Landung eines Heißluftballons Pisten? Und auch die Ballontheorie sagt nichts über die Zickzacklinien *unter* den Pisten aus. Sie verrät ebenfalls nicht, mit welchen vermessungstechnischen Mitteln die Nazca-Leute ihre riesigen Figuren entstehen ließen.

Praktiker am Werk

Im Jahre 1977 startete der in Nazca ansässige Archäologe Josué Lancho einen Versuch. Eigentlich stammte die Idee von einem Journalisten des britischen Rundfunk- und Fernsehsenders BBC. Wäre es möglich, auch heute eine Nazca-Linie mit bescheidenen Mitteln herzustellen? Es galt, dies zu demonstrieren. Josué Lancho bat 30 junge Indios um Hilfe. Unter Verwendung von drei Holzpfosten und Schnüren gelang es binnen weniger Tage, eine gerade, schmale Linie von 150 Meter Länge aus der

Pampa zu kratzen.[61] Nun, gerade Linien stellten kein Vermessungsproblem dar, und de facto sind auf der Wüstenfläche von Nazca auch vereinzelt Überreste von Holzpflöcken gefunden worden. Professor Anthony Aveni und einige Freiwillige der Organisation »Earthwatch« versuchten es deshalb mit der ersten Rundung einer Spirale. Mit Händen und Füßen wurden die Steinchen der Oberfläche weggekratzt und zu Häufchen zusammengetragen. Für die Krümmung wurden ganz einfach Schnüre ausgelegt, mehr oder weniger nach Augenmaß. Das Resultat ist eine kleine, nicht gerade perfekte Rundung von etwa drei Meter Durchmesser.

Beide Experimente belegen, daß sich *schmale* Linien, also diejenigen, die im besten Falle einen Meter breit sind, eigentlich recht leicht nachmachen lassen. Doch wie verhält es sich mit den großen Figuren – der Spinne, dem Affen, dem Kolibri? Was ist mit den breiten und kilometerlangen Pisten und Trapezen?

An der Hochschule für Technik und Wirtschaft in Dresden, Fachbereich Vermessungswesen und Kartographie, wird zur Zeit ein phänomenales Projekt bearbeitet. Federführend sind die Professoren Gunter Reppchen und Bernd Teichert. Man möchte nichts anderes, als alle Figuren und Linien der Ebene von Nazca in einem großräumigen, digitalen Geländemodell festzuhalten. Dresden ist schließlich die Geburtsstadt von Maria Reiche, und da ist es nur recht, wenn deren Lebenswerk von der lokalen Universität weitergeführt wird. Nach einem Kolloquiumsvortrag an der Zürcher Eidgenössischen Technischen Hochschule am 10. Oktober 1996 kam auch die Frage nach dem »Abraum« zur Sprache. Wie viele Kubikmeter Steine sind von den Nazca-Indios weggeräumt worden? Professor Reppchen meinte dazu, es müßten wohl 10 000 Kubikmeter gewesen sein. Ich schätze weit mehr, weil es in der Nazca-

Region neben den Pisten auch noch Berggipfel gibt, die einst kupiert wurden, um einer Piste Platz zu machen. Angesichts eines solchen Szenarios sind die beiden winzigen Experimente, die in Nazca durchgeführt wurden, recht belanglos.

Die 102 Bücher, Broschüren und Artikel, die mir als Quellenmaterial über Nazca zur Verfügung stehen, strotzen vor Wiederholungen, Enten und auch absichtlichen Verdrehungen und Bösartigkeiten. Sie alle zu erwähnen ist nicht nur langweilig, sondern auch eine Zumutung. Was hilft es *meinem* Leser zu erfahren, daß ein Hochschullehrer *seinen* Lesern berichtet, ich hätte in meinem ersten Buch *Erinnerungen an die Zukunft* nicht mal die beiden Franzosen Louis Pauwels und Jacques Bergier als Quelle genannt?[62] Natürlich stimmt die Aussage nicht. Oder die Zeichnungen von Nazca seien nicht mit »außerirdischen Lasern in den harten Fels gebrannt« und ebensowenig mit einer »rätselhaften Substanz von einer anderen Welt gepflastert« worden? Wie ich – angeblich – meine Leser glauben machen will. Dies ist genauso unsinnig und in meinen Büchern sowenig enthalten wie folgendes:

»Nach von Dänikens bevorzugter Hypothese haben wir die Existenz von intelligentem, außerirdischem Leben anzunehmen (unbewiesen), dann zu unterstellen, diese Außerirdischen hätten in einer fernen Vergangenheit die Erde besucht (unbewiesen und höchst unwahrscheinlich), und schließlich auch noch anzunehmen, diese Außerirdischen hätten es nötig gehabt, höchst seltsame Flugpisten zu bauen (sehr schwer zu verdauen). Und dann, zu ihrem zusätzlichen Vergnügen, instruierten sie die lokalen Indios, riesige Darstellungen von Vögeln, Spinnen, Affen und Schlangen in den Boden zu ziehen.«[62]

Dies ist der Tenor, mit dem die Jugend und die Medien durch die wissenschaftliche Literatur aufgeklärt werden sollen. Es lohnt sich keine Erwiderung. Aus ähnlichem Garn werden auch wissenschaftliche Fernsehsendungen gewoben, weltweit verbreitet und mit speziellen Hinweisen unter die Jugend und in die Schulen gebracht. Ich mag mich mit diesen Verdrehungen nicht mehr befassen. Doch wie gelingt eine Änderung der Denkrichtung? Wohl nur mit beweiskräftigen Bildern und überzeugenden Argumenten!

Eine Behauptung ist eine unbewiesene Annahme. Ich stelle folgende Behauptungen auf:

1. In den Bergen von Nazca gibt es ein großes Viereck aus weggescharrtem Bodenmaterial, in dem zwei Kreise angelegt worden sind. Die Kreise wiederum bergen zwei übereinandergelegte Rechtecke und im Zentrum einen Strahlenkranz aus Linien.
2. Dieses rätselhafte Bild ist mit zwei zusätzlichen, geometrischen Gebilden verbunden: Rechts und links, schräg nach hinten geneigt, folgen erneut Kreise mit geometrischen Unterabteilungen. Man stelle sich einen gigantischen Flügel vor: vorne im Zentrum das Hauptsegment und nach hinten verschoben die »Schwenkflügel«.
3. An einem Berghang der Nazca-Region liegt ein gewaltiges »Schachbrettmuster«, bestehend aus über 1000 Punkten und Strichen – eine präzise Filigranarbeit.
4. In den Bergen um Nazca kleben bis zu 40 Meter hohe Gestalten, die zum Teil erst in neuester Zeit entdeckt worden sind. Sie tragen »helmartige« Gebilde, oft mit mächtigen, »antennengleichen« Auswüchsen.
5. Auch in anderen Gebieten der Erde außerhalb Perus haben Menschen Scharrzeichnungen angelegt. Zeichen für die Götter.
6. In Chile wurde in einer Höhe von 2400 Metern eine

Flugpiste entdeckt. Sie ist dermaßen alt, daß sie während der vergangenen Jahrtausende von Geländeformationen überdeckt wurde.

7. Für das Nazca-Gebiet wird man kein einheitliches System finden. Alles entstand zu verschiedenen Zeiten durch Indiostämme mit unterschiedlichen Vorstellungen.

Ich möchte im folgenden Kapitel versuchen, die Beweise für meine Behauptungen zu liefern.

ARGUMENTE FÜR DAS UNMÖGLICHE

Machen Sie sich erst mal unbeliebt, dann werden Sie auch ernst genommen.

Konrad Adenauer, 1876–1967

Eduardo«, sagte ich zum Chefpiloten der »Aero Condor«, »du weißt, ich kenne die Ebene von Nazca. Laß uns etwas anderes tun. Ich möchte jeden Tag größere Kreise ziehen. Von Nazca aus in die Berge, aber so, daß ich Gelegenheit habe, jede Senkung, jeden Hügel und jeden Berghang zu beobachten.«

Das war im Herbst 1995.

Eduardo grinste: »Das wird aber lange dauern. Und teuer kann es auch noch werden!«

»Wenn's denn sein muß. Ich werde jeden Morgen um halb sieben und jeden Abend gegen fünf Uhr am Flugplatz sein. Wir entfernen die Tür auf der Seite des Kopiloten, so daß ich ungehinderte Sicht habe.«

So geschah es. Ich hängte mir drei Kameras mit unterschiedlichen Objektiven um, stopfte meine Taschen mit Filmen voll und hockte mich schräg nach vorne geneigt auf den Sitz des Kopiloten. Den rechten Fuß plazierte ich außerhalb der Flugzeugkabine auf einem kleinen Absatz, der eigentlich als Tritt für die einsteigenden Passagiere gedacht war. Den Sitzgurt legte ich um die Hüften und zog zusätzlich ein kleines Seil quer über die Schultern. Derart abgesichert hoben wir ab – tagtäglich.

Gleich nach dem ersten Start schraubte Eduardo seine Maschine über dem kleinen Flugfeld von Nazca in eine Höhe von 1300 Metern.

»Ich will dir etwas zeigen, was wir erst kürzlich entdeckten!« brüllte Eduardo zu mir hinüber. Dann kurvte er auf die Kuppe eines ausgetrockneten Berghangs zu.

»Dort! Siehst du es?«

Zuerst sah ich gar nichts. Der Abhang war braun und felsig, ringsum dieselbe eintönige Farbe. Beim zweiten Anflug bemerkte ich rechteckige Ornamente am oberen Berghang, dann Figuren, robotergleich mit Kapuzen, aus denen – wie bei Till Eulenspiegel – Bänder hinabbaumelten *(Bild Nr. 74)*. Schließlich die Konturen eines etwa 20 Meter hohen Wesens, schlecht erkennbar und – da alles Braun in Braun – auch nicht fotografierbar. Der Kopf wurde von zwei riesigen, runden Augen eingenommen. Die Stirn lief spitz zu, und aus dem Schädel wuchsen mehrere tentakelähnliche Gebilde, größer als der gesamte

74

Körper. Der Körper selbst war zart. Dünne Beinchen und ebensolche Ärmchen steckten in einem Torso, der nur zweimal so groß war wie der Schädel. Doch auch der Körper war mit beidseitig gezackten Tentakeln versehen.

»Wie heißt der Berg?« wollte ich von Eduardo wissen.

»Der hat keinen Namen!« brüllte er mir ins Ohr. »Nenne ihn doch ›Cerro de los Astronautas‹ (Berggipfel der Astronauten)!«

Dieser Namensgebung werden sich die wissenschaftlichen Kritiker wohl nicht anschließen.

Bereits 1983 wurde auf einem tiefer gelegenen Hügel eine sehr ähnliche Figur ausfindig gemacht. In der wissenschaftlichen Literatur nennt man es »mystisches Wesen mit sorgfältig ausgearbeiteten Fangarmen«[81]. Die Fachwelt bezeichnet das Fabelwesen als »Wassergottheit«. (Für diejenigen, welche sich die Figur vor Ort anschauen möchten, hier die exakte geographische Position: Länge: 14°, 42′, 26″; Breite: 75°, 6′, 38″.)

Dabei gibt es in Nazca durchaus eine Gestalt, die allgemein »el Astronauta« genannt wird. Sie verziert die Schrägwand eines Hügels am südlichen Ende der »Pampa de San José« und ist 29 Meter hoch *(Bild Nr. 75)*. Der Schädel wird von zwei runden Augen dominiert, die Körperproportionen stimmen, und die Füße scheinen in plumpen Schuhen zu stecken. Bemerkenswert die Arme: Ein Arm deutet himmelwärts, der andere zur Erde. Sollte hier eine Verbindung »Himmel–Erde« signalisiert werden? Die Figur wird von zwei senkrechten Linien eingerahmt. Ursprünglich müssen am selben Hügelhang weitere Figuren existiert haben. Ihre Konturen sind gerade noch rudimentär zu erkennen. Und für Verblüffung sorgt auch der dreidimensionale Effekt. Je nach dem Stand der Sonne ist »el Astronauta« auch von unten sichtbar. Geradeso, als würde er aus dem Berg heraustreten.

75

76

An einer Hügelkuppe hängt eine Abfolge von kleineren Bildern. Es sind verschiedene Tiere, hintereinander aufgereiht wie bei einem Comic, darunter auch Wesen mit einem saurierähnlichen, langen Schwanz. Die Cabrera-Sammlung läßt grüßen! Leider ist ausgerechnet in diesem Fall die Bilderserie nicht sonderlich gelungen. Ich ärgere mich heute noch darüber, daß ich Eduardo nicht bat, nochmals einige Runden zu drehen. So gibt die in diesem Buch abgedruckte Abbildung nur einen Teil der »Gemäldegalerie« wieder *(Bild Nr. 76)*.

Strahlende Figuren!

Erheblich besser sind die Aufnahmen von dem »Antennenwesen«. Die 20 Meter hohe Gestalt winkt vom Ausläufer eines Hanges herüber. Die Figur trägt ein hutähnliches Gebilde mit breiter Krempe, und aus diesem Kopfschmuck ragen Fühler himmelwärts *(Bild Nr. 77)*. Tänzerisch sind die Arme ausgebreitet, und mit beiden Händen umklammert die Kreatur etwas Undefinierbares. Ähnliche Figuren gibt es mehrere.

Besonders eindrucksvoll und für tiefsinnige Gedanken bestens geeignet ist eine über 25 Meter hohe und schätzungsweise 20 Meter breite Darstellung, die ich bislang in der Nazca-Literatur nicht finden konnte. Links ein mystisch anmutendes Wesen, was immer man unter »mystisch« verstehen mag. Zu erkennen sind ein dreieckiger Kopf, Kulleraugen und ein kleiner, runder Mund *(Bild Nr. 78)*.

Der Kopf ist von einem Kranz Zickzacklinien umgeben und gleicht einer Blume oder stilisierten Federn. Von den Schultern baumeln breite, körperlange Tentakel mit Kreisen oder kleinen Schädeln an ihren Enden.

77

78

79

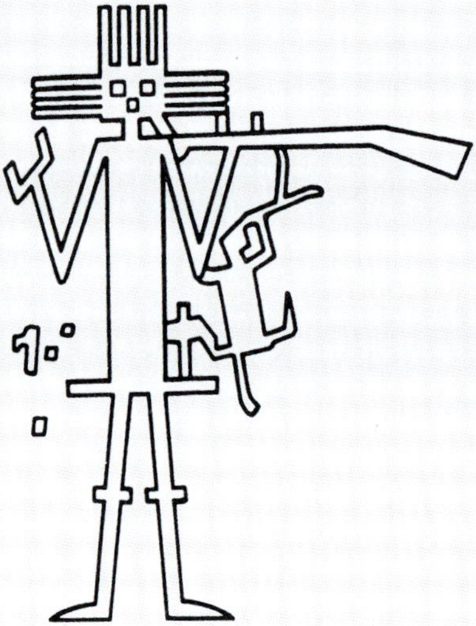

Rechts davon eine Robotergestalt. Geradlinig ragen neun »Antennen« aus dem Kopf, je drei in eine andere Richtung. Der Unterleib weitet sich rock- oder flügelähnlich. Es schließen sich unmittelbar daran der Kopf eines Kindes und darüber, gerade noch erkennbar, eine weitere »Antennenfigur«.

Dieses Bild sollte bei den Überlegungen aller Nazca-Theoretiker einen besonderen Stellenwert einnehmen. Weshalb? Eine »Kopie« davon schmückt nämlich im Norden Chiles einen ausgetrockneten Berghang über der Wüste von Taratacar. Entdeckt wurde sie vom chilenischen Luftwaffengeneral Eduardo Jensen. Man bezeichnet die Gestalt auch als den »Riesen von Cerro Unitas«, sie ist volle 121 Meter hoch. Die Gegend von Taratacar ist Teil der größeren Wüste von Atacama. Leider liegt das Territorium auf einem Übungsschießplatz der chilenischen Luftwaffe. Immer wieder beharken die Piloten den »Riesen von Cerro Unitas« mit Feuergarben. Die uralte Gestalt wird als Zielscheibe benutzt. Genau wie bei seinem »Doppelgänger« in Nazca ist der Kopf des »Riesen von Cerro Unitas« beidseitig mit »Antennen« ausgestattet. Der Körper der chilenischen Figur ist ebenfalls quadratisch, und das untere Ende wird durch einen Querbalken abgeschlossen. Ob Nazca oder Chile, die Arme sind in beiden Fällen angewinkelt und enden in groben, zangenförmigen »Greifern« *(Bild Nr. 79).* Nur hängt bei der chilenischen Kopie zusätzlich ein kleines Äffchen am linken Arm. Möglich, daß dies ursprünglich auch beim Nazca-»Zwilling« der Fall war.

Woher kommt diese Duplizität? Sie sollte uns nachdenklich stimmen, denn zwischen Nazca und dem Schießplatz von Taratacar liegen 1300 Kilometer Luftlinie.

Viele der Figuren *an den Bergwänden* existieren in ähnlicher Form auch auf Nazca-Keramiken. Die Streitfrage, was zuerst war, die Keramik oder die Figur, läßt sich nicht schlüssig beantworten. Ich meine, zuerst ist die Figur in der Landschaft entstanden und erst später die Keramik. Diese Ansicht vertrete ich deshalb, weil die Indios die Figuren *an den Bergwänden* dauernd sahen. Sie starrten bei jedem Tageslicht auf die Menschen hinab. Ihre Botschaft war immer sichtbar – allgegenwärtig für jedermann. Anders verhält es sich mit den Figuren *auf der Wüstenfläche*. Im Gegensatz zu den Darstellungen an den Berghängen waren diejenigen in der Wüste nicht sichtbar. Man muß über sie hinwegfliegen, um sie überhaupt wahrzunehmen. Nun gibt es zweifelsfrei auch Nazca-Keramiken, die ähnliche – nicht die gleichen! – Motive zeigen wie auf der Wüstenfläche. Was war hier zuerst: die Keramik oder die Bodenzeichnung? Wenn die Keramik zuerst war, stellt sich die Frage, wie denn die Indios ihre kleinen Motive zu Giganten der Wüste verwandelten. Und wenn die Bodenzeichnung zuerst existierte, bleibt die Frage, von welchem Standpunkt denn die Nazca-Leute ihre Bodenzeichnungen erkannten, um sie überhaupt auf Keramik übertragen zu können. Das gleiche gilt für die Textilien.

Von den Figuren an den Bergwänden sind die meisten mit »Antennen«, »Tentakeln« oder Strahlenkränzen versehen *(Bilder Nr. 80 + 81)*. Nicht so diejenigen in der Pampa. Wollte man mit den »Strahlenbekränzten« besonders hohe und geheimnisvolle Persönlichkeiten darstellen? Höhere Wesen, die *über* dem normalen Volk existierten? Götter?

Dieser Verdacht findet eine Bestätigung in den Ausgrabungen von Sican, nördlich von Lima in der Region Lambayeque (in der Umgebung von Batan Grande). Dort arbeiteten peruanische und japanische Archäologen volle 16 Jahre lang, bis ihre Bemühungen einen phänomenalen Abschluß fanden. Im Jahre 1991 wurden in über zehn

80

81

82

Meter Tiefe phantastische Gräber entdeckt, die auch Textilien und rund 50 Kilogramm Edelmetalle und Edelsteine enthielten, darunter die goldene Maske des »Gottes von Sican«. Das Wort *Sican* stammt aus der alten Sprache der Muchik, die in Kolumbien und Ecuador auch Mochica genannt werden. Sican bedeutet »Tempel des Mondes«. Die Figur trägt in beiden Händen rätselhafte »Zeremonialstäbe«, die verschiedentlich auch als »Zepter« definiert werden. Aus dem Kopf heraus wachsen beidseitig je vier »Antennen«. Nichts anderes ist in Nazca zu sehen! *(Bild Nr. 82)*

Sichtbar nur für Götter!

Die Ähnlichkeit der Darstellungen im Süden – Chile –, von Nazca und schließlich von Sican im Norden Perus ist kaum zu leugnen. Wasser- oder Berggötter können damit nicht gemeint sein.

Wie auch? Was sollen denn die Strahlengestalten von Nazca oder »el Astronauta« auf dem Hügelrücken mit Wasser zu tun haben? Auch die von der Archäologie erdachten Berggötter passen nicht ins Bild. Wenn schon »Berggötter«, dann bitte Gestalten, die in irgendeiner Weise mit den Bergen in Verbindung gebracht und diesen zugeordnet werden können. Nichts davon läßt sich aus den Figuren interpretieren! Der Roboter von Taratacar im Norden Chiles prangt am Berghang einer Wüste. Mit Wasser hat der gar nichts am Hut! Und als »Berggott« kommt er ebenfalls nicht in Frage – genausowenig wie die *Pintados* in der Atacamawüste. Die liegt ebenfalls in Chile, nordwestlich von Antofagasta, beim Städtchen San Pedro de Atacama. Genau dort, wo der verstorbene Padre Le

Paige sein Museum errichtet hatte. (Derselbe, der geäußert hatte, er habe Gruften mit Skeletten von Außerirdischen gefunden.)

Eine solche Gegend könnte man sich auf dem Mars vorstellen: ausgedorrt und weit und breit kein Tropfen Wasser. Die Berghänge sind mit kuriosen Bodenzeichnungen verziert, die auf die gleiche Weise angefertigt wurden wie in Nazca. Es sind keine Pisten oder schmale, gerade Linien und offensichtlich auch keine Spielereien. Für die Indios, die ihr Leben in der Gluthitze verbrachten, müssen die Zeichen wohl eine Botschaft gewesen sein – beispielsweise die zwei Quadrate mit dem Pfeil. Jede Seite eines Quadrats besteht aus vier Kreisen, vom unteren Quadrat weist ein doppelt gezogener Pfeil erdwärts *(Bild Nr. 83)*. Dort gibt es weder Wasser noch einen unterirdischen Wasserlauf. Oder der »geflügelte Gott mit dem Rad«. Bestehend aus zwei Dreiecken, liegen im oberen Dreieck zwei Augen und ein großer Mund.

83

84

85

86

Rechts und links breiten sich Schwingen aus, niemand wird dieses Bild anders deuten können. Und über dem Gesamtbild schwebt ein Rad, das in mehrere Segmente unterteilt ist *(Bild-Nr. 84)*. Dann wieder Gebilde, die auf Anhieb an Schriftzeichen erinnern. In der oberen, rechten Zeile zwei, in der nächsten Linie acht und unten rechts nochmals zwei. Weiter rechts davon erneut ein großer Kreis und diverse »Antennenmännchen« *(Bilder Nr. 85 + 86)*. Das Ganze nicht etwa mickrig klein wie bei Felsmalereien, sondern bis zu 20 Meter hoch, an der schrägen Bergwand himmelwärts gerichtet.

Noch merkwürdiger mutet »Die Leiter mit dem Pfeil« an. Sie beginnt mit einem breiten, vom Hügel weggescharrten Querbalken, der von einer senkrechten Sprossenleiter durchkreuzt wird, am unteren Ende ein Pfeil. Die gesamte

87

Darstellung ist umgeben von undefinierbaren Figuren, einem Tier mit langem Hals und mehreren rechteckigen Flächen *(Bild Nr. 87)*.

Die Pintados in der Atacamawüste Chiles sind ein genauso unverständliches Bilderbuch wie diejenigen in der Pampa von Nazca. Nur präsentieren sich in der Nazcawüste mehr oder weniger bekannte Dinge wie Vögel, Fische, eine Spinne oder ein Affe, während die Pintados in Chile eine rätselhafte Geometrie widerspiegeln. Da verläuft etwa eine senkrechte Linie von 25 Metern in Richtung Spitze der höchsten Erhebung. Ganz zuoberst wird die Linie von einem Kreis umschlungen *(Bild Nr. 88)*.

Auch Felszeichnungen gibt es in der Gegend. Etwa eine armlose Figur, flankiert von Tieren, und aus dem Kopf der Gestalt schießen Strahlen *(Bild Nr. 89)*. Ich kenne sehr

88

89

ähnliche Darstellungen, allerdings Zehntausende von Kilometern entfernt und von den Aborigines, den Ureinwohnern Australiens, angefertigt. Sie sind massenweise in den dortigen Kimberley Mountains zu finden. In der Atacamawüste existieren ebenfalls barkenähnliche Felszeichnungen. In der Barke sind gerade noch als rudimentäre Umrisse zwei menschliche Gestalten zu erkennen. Und schließlich – immer noch in der Atacamawüste – Gottheiten (so es denn welche sein sollen) mit »Zeremonialstäben« oder eben: Zeptern. Vergleichbar dem Gott von Sican in Peru.

Wer Nazca studiert, sollte es nicht isoliert für sich sehen. Nicht nur weit unten im Süden von Nazca, also in Chile, gibt es himmelwärts gerichtete Zeichen und auch in Chile nicht ausschließlich in der Atacamawüste. Hier drei lohnenswerte Ziele für Nazca-Forscher, die ihren Horizont über Nazca hinaus erweitern möchten:

1. Auf dem Wüstenboden von Majes und Sihuas in der peruanischen Provinz Arequipa präsentieren sich riesenhafte, himmelwärts gerichtete Scharrzeichnungen.
2. Ab der südperuanischen Stadt Mollendo bis hinunter in die Wüsten und Gebirge der chilenischen Provinz Antofagasta liegen große Scharrzeichnungen. Alle für die Augen der Götter angelegt. Dies nicht nur im Landesinnern, sondern oft auch an der Küste.
3. In der chilenischen Cordillera de Chicauma, wenige Kilometer von Lampa entfernt, aber auf 2400 Meter Höhe, wurden 140 Zeichen gefunden, die *nicht* aus dem Boden gescharrt worden sind. Die zum Himmel weisenden Zeichen bestehen aus Mäuerchen und Steinanhäufungen. Darunter eine Piste, die – niemand wird dies bestreiten können – mindestens so alt sein muß wie die älteste Piste in Nazca. Wann immer das war. Weshalb? Die Gesteinsformationen des Geländes sind *über die Piste* gewachsen. Das Bild, das ich dem chilenischen Journalisten Jaime Bascur verdanke, ist zwar nicht von besonderer Qualität, aber immerhin gut genug, um den Geländeabschnitt auszumachen *(Bild Nr. 90)*. Und weshalb *muß* es sich um eine »Piste« handeln? Weil sie abrupt anfängt und ebenso unvermittelt aufhört. Das ist keine Straße von A nach B, und wer hier immer noch Zeichen für die Berggötter sucht, dem dürfte kaum zu helfen sein. Ach ja: Mit Wassergöttern hat die Piste auch nichts gemeinsam. Es gibt ausnahmsweise genügend Wasserläufe in der Gegend.

Beschränkte sich dieses Spiel, himmelwärts gerichtete Zeichen anzulegen, nur auf das Gebiet südlich von Nazca? Mitnichten!

90

Die ausgedehnten Lavafelder der mexikanischen Sonorawüste sind mit großen, himmelwärts gerichteten Zeichen versehen.

Noch weiter nördlich, an der mexikanisch-kalifornischen Grenze, liegt die Wüstenlandschaft von Macahui. Immerhin wachsen in jener Gegend einige Büsche, dies ist auch der Grund, weshalb das Rätsel von Macahui nicht auf Anhieb aus der Luft entdeckt wurde. Das Gebiet erstreckt sich nördlich der Straße, die von Tijuana nach Mexicali führt – oder 25 Kilometer von Mexicali Richtung Tijuana. Dort, auf einem Areal, das immerhin 400 Quadratkilometer umfaßt, wurden in den Boden gescharrte Zeichen entdeckt, die bislang niemand zu erklären vermochte. Ein Gebiet besteht nur aus Kreisen, einer neben dem anderen, so weit das Auge reicht. Dann gibt es Rechtecke, Halbmonde, Räder mit mehreren Speichen, ineinanderverschlungene Ringe oder tropfenähnliche Gebilde. Die Durchmesser der einzelnen Zeichen erreichen bis zu 40 Meter. Im Gegensatz zu Nazca fehlen Tier- oder Menschendarstellungen. Zumindest auf der mexikanischen Seite der Grenze. Jenen Forschern, die dort schöne Bilder machen möchten, sei noch eine Warnung mit auf den Weg gegeben. Das Gebiet liegt *beiderseits* der Grenze zwischen Mexiko und den USA. Zumindest von den US-Grenzbehörden ist eine Bewilligung einzuholen. Und: Unter den heißen Steinen der Gegend wimmelt es von Giftschlangen.

Weiter Richtung Norden, unweit des Städtchens Blythe, direkt am Colorado River, liegen bis zu 100 Meter große Figuren von Menschen und Tieren, die nur aus der Luft erkennbar sind *(Bilder Nr. 91 + 92)*. Die Gestalten sind auf die gleiche Art aus dem Boden gekratzt worden wie in Nazca.

In Arizona, nahe beim Städtchen Sacaton, bedeckt eine 46 Meter lange Gestalt den Boden.

Und noch nördlicher, von den Rocky Mountains bis zu den Appalachen, gibt es rund 5000 (!) sogenante Bilderhügel, *Indian Mounds* genannt. Sie verkörpern Vögel, Bären, Schlangen, Echsen und enthielten oft Gräber von großen Stammeshäuptlingen. Obwohl die Urheber in diesem Falle bekannt sind, bleibt doch zu vermerken, daß sich die Motive in ihrer Gesamtheit ausschließlich aus der Luft beobachten lassen.

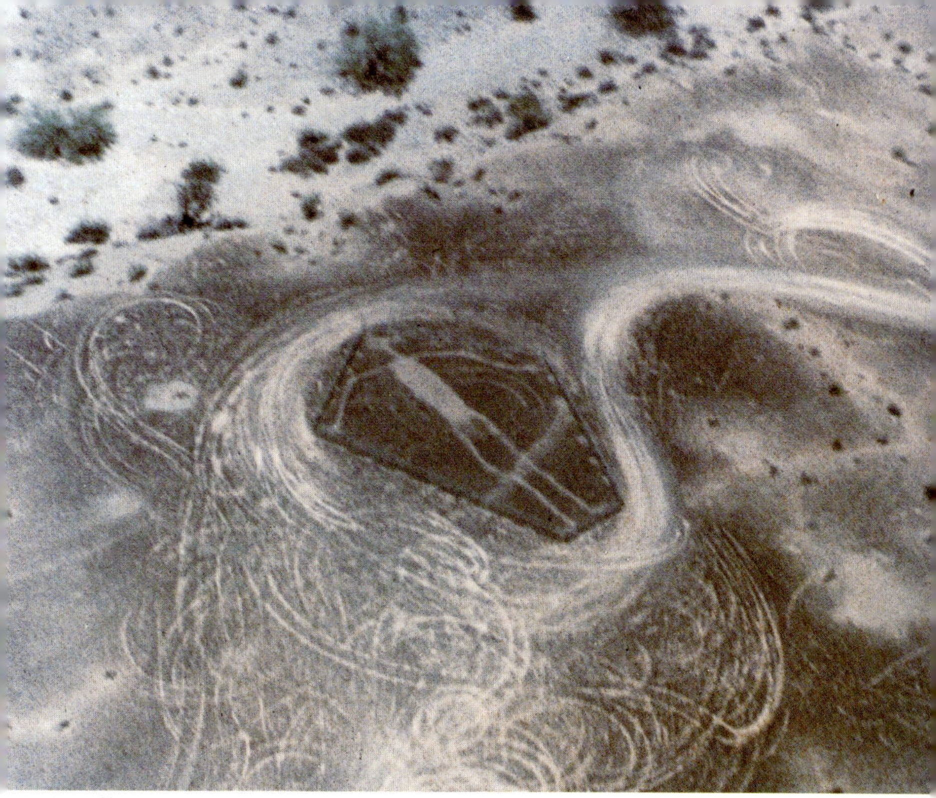

91

92

Eine zwingende Einsicht

Niemand kann es bestreiten: Ob Süd-, Mittel- oder Nordamerika – offensichtlich betrieben viele indianische Gemeinschaften den Kult der gewaltigen Bodenzeichnungen. Genauso unbestreitbar ist die Tatsache, daß der größte Teil dieser Geländebilder nur aus der Luft erkennbar ist. Wie kann man angesichts des vorliegenden Bildmaterials immer noch von »Berg-« oder »Wassergöttern« reden? Sollte wissenschaftliche Arbeit nicht über die Grenzen des kleinen Horizonts von Nazca hinausgehen? Üblicherweise berücksichtigt die Wissenschaft alle in Frage kommenden Aspekte. Bei einem Problem sucht sie nach einem sinnvollen gemeinsamen Nenner. Offenbar ist diese Zielsetzung im Falle Nazca außer Kraft gesetzt. Hier gilt jeder, der mal eine Universität von innen gesehen hat, als Spezialist. Verfügt er auch noch über einen akademischen Titel, dann um so besser.

Was ist denn der gemeinsame Nenner aller Bodenzeichnungen? *In ihrer Gesamtheit sind sie nur aus der Luft erkennbar.* Sie mögen in unterschiedlichen Gegenden liegen, in Wüstengebieten, an Berghängen, auf 2400 Meter Höhe, im Grünen wie die *Indian Mounds* oder in Schottergebieten – es spielt keine Rolle, wo –, doch sichtbar sind sie nur aus der Luft. Jim Woodmanns Ballontheorie wurde auf Nazca angewendet. Wieso nicht auch auf Chile oder Mexiko? Dort gibt es ebenfalls riesige Scharrzeichnungen – aber keine Pisten.

Professor Aveni beruft sich bei seiner Theorie auf das Verhalten *heutiger* Indios in Cuzco. Waren die Hochlandindios von Cuzco auch in der Sonorawüste Mexikos tätig? Die Archäologin Simone Waisbard sieht den Zweck des »Bilderbuchs von Nazca« darin, »die zu erwartenden

93

Niederschlagsmengen zu bestimmen«[43]. Und was ist mit dem »Riesen von Cerro Unitas« in Chile? Ließen sich an seinen »Antennen« die Niederschlagsmengen ableiten? Welche? Da es doch dort in der Wüste nie regnet – weder im Sommer noch im Winter. Die Rechtecke in Nazca seien »Zeremonialplätze«[46] gewesen, lese ich. Und die an den Bergwänden bei San Pedro de Atacama? Dort gibt es auch ausgescharrte Rechtecke, nur kann sich keine fromme Pilgerschar dort versammeln, weil die Schräglage des Hanges dies nicht zuläßt *(Bild Nr. 93)*. Oder Professor Isbells Idee von der »Beschäftigungstherapie«[49]: Galt das auch für die mexikanischen Indios in der Wüstenlandschaft von Macahui? Wie wäre es mit Professor Tributschs »Fata Morgana«?[50] Sie trifft schon nicht auf Nazca zu, geschweige denn auf die Atacamawüste.

So geht das weiter in der Fachliteratur. Ein Schwall von akademischem Unsinn. Nichts ist belegbar, doch jeder hält seine Theorie für bewiesen. Und keiner blickt über den Tellerrand von Nazca hinaus. Nazca für sich genommen ist schon ein gemischter Salat mit allen Zutaten, jede noch so gutgemeinte Ansicht widerspricht anderen Fakten. Woodmanns Heißluftballone benötigen keine Pisten; die schmalen Linien sind kein astronomischer Kalender; die Pisten können nichts mit Berggöttern zu schaffen haben, oder die Athleten der Indios, welche die Figuren abspurten mußten, konnten ihre Runden bei den Figuren an den Berghängen nicht drehen.

Nur eine Tatsache gilt überall: Die Zeichen sind für fliegende Wesen erkennbar. Am Rande sei erwähnt, daß derartige Zeichen auch in England, bei Ustjurt am Aralsee oder in der saudiarabischen Wüste existieren.[9]

Da dies der einzige gemeinsame Nenner ist, muß doch wohl davon ausgegangen werden, daß unsere liebenswerten Vorfahren auf dem weiten Erdenrund *zumindest geglaubt* hätten, irgendwer »dort oben« würde ihre Bilder sehen. Im Gegensatz zu manchen Vorwürfen an meine Adresse, ich würde die Menschen, die vor Jahrtausenden lebten, als nicht besonders intelligent erachten, halte ich sie für sehr gescheit. So bescheuert waren die nicht, über Generationen hin riesige Markierungen in den Boden zu legen, ohne zu wissen, daß diese auch tatsächlich irgendwelchen Götter auffallen konnten. Welchen Göttern? Alle Göttervorschläge, die aus dem psychologischen Nebel auftauchen, taugen nichts, weil sie bestenfalls auf einem eng begrenzten Terrain ihre Gültigkeit haben könnten. Wer will, mag Nazca-Berggötter in Nazca suchen – aber nicht in der Sonorawüste! Wer die Nazca-Indios für derart beschränkt hält, daß sie gigantische Linien für Wassergötter anlegten, mag sich damit zufriedengeben – doch haben die in der Trickkiste aufgestöberten Wassergötter mit »göttlicher Sicherheit« nichts mit dem »Riesen vom Cerro Unitas« am Hut.

Was bleibt eigentlich für Nazca? Da gibt es den gemeinsamen Nenner, daß die Bodenmarkierungen für Wesen angelegt wurden, von denen man annahm, daß sie »von oben« zuschauten. Aber wer kam denn überhaupt zum erstenmal auf den Gedanken, »fliegende Götter« am Firmament zu suchen? Unbestritten ist das Motiv global, denn schließlich waren die Götter, die Sterne, der Mond nun mal »im und am Himmel«. Dies reicht aber nicht, denn jene Himmelsgötter entsprangen eben nicht nur irgendwelchen dummen Vorstellungen. Jene Götter waren einst real. Wer dies kategorisch ausschließt, hat keine Ahnung von der altindischen Literatur[16, 51], er weiß nichts über die Aussagen eines vorsintflutlichen Propheten Henoch[63] oder hat noch nie etwas von einem *Kebra Negest*[64] gehört. Dort, im Buch der »Herrlichkeit der Könige«, sind verschiedene Flugreisen von König Salomon beschrieben – einschließlich der Geschwindigkeit, mit welcher der fliegende König die Distanzen bewältigte. Zitat:

»Der König und alle, die seinem Gebote gehorchten, *sie flogen auf dem Wagen* ohne Krankheit und Leiden, ohne Hunger und Durst, ohne Schweiß und Ermüdung, *indem sie an einem Tag eine Wegstrecke von drei Monaten zurücklegten.*« Oder: »Er [Salomon] schenkte ihr [der Königin von Saba] neben verschiedenen Wagen auch einen, *der durch die Lüfte fuhr*, den er gemäß der ihm von Gott verliehenen Weisheit angefertigt hatte.« Oder: »Und die Bewohner des Landes Ägypten erzählten ihnen: Vor längerer Zeit sind die Leute von Äthiopien hier vorbeigekommen, *indem sie auf einem Wagen fuhren wie die Engel, und sie waren schneller denn die Adler am Himmel.*«[64]

Und für die wenigen, die ihren Verstand vor einer vorgeschichtlichen Fliegerei immer noch verschließen, rasch zwei Beispiele aus dem indischen Bereich:

»Also setzte sich der König [Rumanvat] mit seinen Dienern des Harems, seinen Frauen, seinen Würdenträgern *in den Himmlischen Wagen. Sie erreichten die Weite des Firmaments und folgten der Route der Winde. Der Himmelswagen umflog die Erde über die Ozeane* und wurde dann in Richtung der Stadt Avantis gesteuert, wo gerade ein Fest stattfand. Nach dem kurzen Zwischenhalt startete der König wieder unter den Augen von unzähligen Schaulustigen, *die den Himmelswagen bestaunten*.«[65] (Die kursiven Hervorhebungen sind von mir.)

Zweites Beispiel:

»Arjuna wünschte, daß Indras himmlischer Wagen zu ihm gelange. Und mit Matali kam plötzlich im Lichterglanz der Wagen an, Finsternis aus der Luft scheuchend und erleuchtend die Wolken, die Weltgegenden anfüllend mit Getöse, dem Donner gleich ...«[66]

Mir muß niemand klarmachen, daß dies alles nur psychologisch erklärbare Wunschvorstellungen gewesen seien, oder die Biographen hätten ihre jeweiligen Könige mit derartigen Texten verherrlicht. Nonsens! Ich kenne die alten Texte mit ihren präzisen Beschreibungen, in denen sowohl die unterschiedlichen Metallegierungen als auch die Waffensysteme genau aufgelistet werden.[67] Ich habe es mir abgewöhnt, ein X für ein U zu sehen.

Wo geflogen wird, da benötigt man zumindest primitive Instrumente oder einfache Lande- und Zieleinweisungen. Wo sollen die in Nazca sein?

Die phänomenale Entdeckung!

Als ich die Figur zum erstenmal unter mir erblickte, dachte ich an eine optische Täuschung. Ich bat den Piloten Eduardo um eine neue Runde, der sich noch mehrere anschlossen. Und als die Maschine auf 800 Meter Höhe kletterte, sah ich das zweite Phänomen, verkoppelt mit dem ersten. Neben den üblichen Fotos machte ich auch zwei mit der Sofortbildkamera. Später, bei einem kühlen Drink im Schatten, starrte ich das Foto an und ahnte noch nicht, daß der nächste Flugtag zwei noch größere Überraschungen bringen sollte.

Zuerst sah ich einen großen Kreis und auf der Kreislinie über 60 Punkte. Dann erkannte ich im ersten Kreis einen zweiten mit unzähligen kleineren Punkten auf der Kreislinie. In der Mitte zwei übereinanderliegende Rechtecke, aufgeteilt in je acht Vierecke *(Bild Nr. 94)*. Diese Vierecke wurden von gekreuzten Linien unterteilt, und im Zentrum lag ein Strahlenbündel von 16 Linien. Was sollte das? Auf dem zweiten Foto bemerkte ich einen noch größeren Rahmen. Das gesamte geometrische Muster war zusätzlich von zwei riesigen Quadraten eingerahmt, die ihrerseits in einer Diagonalen übereinanderlagen.

Mein erster Gedanke war der an ein *Mandala*, so bezeichnen die Tibeter und Hindus mystische Bilder zur Unterstützung der Meditation. Auch die nordamerikanischen Indianer kennen etwas Ähnliches. Sie nennen es Sandzeichnungen, und diese sind aus vielen geometrischen Formen und Farben zusammengesetzt. Wenn die geometrisch komplizierte Darstellung, die ich vor mir liegen hatte, ein mandalaartiges Gebilde war, dann mußte es eine neuzeitliche Fälschung sein. Oder irgendein Lehrer war mit seinen Schülern nach Nazca gepilgert und hatte 94 ▷

sich einen Jux erlaubt. Ich hatte das Foto in den Bergen von Palpa geschossen, etwa zwölf Flugminuten vom Flugplatz Nazca entfernt. Die Berge dort sind vollkommen trocken, das Gebiet ist eine Hölle auf Erden. Nun war die geometrische Form derart kompliziert und groß angelegt – der Durchmesser mochte schätzungsweise 500 Meter betragen –, daß die Fälschergruppe sehr lange in der Gluthitze tätig gewesen sein müßte. Zudem müßten Fuß- und Fahrspuren sichtbar sein. Niemand begibt sich auf Schusters Rappen in die Hölle. Nicht einmal die peruanische Armee. Auch die hätte Spuren ihrer Fahrzeuge hinterlassen. Wieder und wieder starrte ich auf das Bild vor mir. Es gab vereinzelte Linien, die nicht zum geometrischen Diagramm gehörten. Erst später, bei der Auswertung der mit den anderen Kameras geknipsten Dias, zeigte sich, daß diese schwach erkennbaren Zusatzlinien Bestandteil des Nazca-Liniensystems waren. Ich bat Eduardo und später noch andere Piloten um Hilfe. »Wer hat diese neuzeitliche Fälschung in den Boden gescharrt?« wollte ich wissen.

»Das ist keine neuzeitliche Fälschung! Das Ding war schon immer da!«

»Weshalb schreibt denn keiner der vielen Nazca-Berichterstatter darüber? Ich erinnere mich nicht, davon ein Bild gesehen zu haben«, antwortete ich zweifelnd.

Man belehrte mich, erstens liege das Diagramm nicht auf der Ebene von Nazca, sondern bereits in Palpa, und zweitens wisse niemand etwas dazu zu saagen. So bleibe nur das große Schweigen.

Mir ließ das geometrische Muster keine Ruhe. Anderntags flogen wir wieder hin. Jetzt erst, aus größerer Höhe, erkannte ich, daß das erste »Mandala« mit einem zweiten verbunden war und dann – aus noch größerer Höhe – mit einem dritten *(Bilder Nr. 95 + 96)*. Es war unheimlich!
◁ 95 Meine Gedanken bezüglich einer neuzeitlichen Fälschung

vom Abend zuvor konnte ich allein schon wegen der Proportionen des Gesamtdiagramms vergessen. Alle drei zusammen mochten einen Durchmesser von mehr als einem Kilometer betragen. Zudem, und das machte die Angelegenheit noch geheimnisvoller, verlief mitten durch das Bild ein Geländeeinschnitt. Der begann an einer Kante des inneren Rechtecks, verbreiterte sich, zog durch die beiden Kreise und über den Rahmen des alles umspannenden Vierecks hinaus. Das Verrückte dabei war, daß sämtliche Kreispunkte und Linien auch über den Geländeeinschnitt liefen. Es schien so, als hätte der Geländeabriß für die Hersteller des Diagramms keinerlei Rolle gespielt.

In ihrer linken Verlängerung wurde die Basislinie des großen Quadrats zum Zentrum eines Doppelkreises. Das gleiche Spiel wiederholte sich auf der rechten Seite – erneut zwei große, ineinanderliegende Ringe. Vom Zentrum aus verliefen gerade Linien in die vier Himmelsrichtungen. Aus großer Höhe ergaben die drei Diagramme ein phänomenales Bild. Vorne der riesige Hauptkreis, umrahmt von zwei Quadraten, dann rechts und links nach hinten verschoben die beiden Begleitringe. Und all dies durch Linien miteinander verbunden. Würde man über das Ganze einen dicken Balken legen, so ergäbe dies das Bild eines gigantischen Pfeils, unterteilt in geometrische Formen.

Wir kreisten lange und in unterschiedlichen Höhen über diesem gewaltigen, bislang nie beobachteten Diagramm, und ich zermarterte mein Gehirn über den Zweck der Darstellung. Eine geometrische Anordnung in Pfeilform? Ob da noch Rätselhafteres aufzuspüren war? Eduardo schüttelte den Kopf. Manchmal sehe man Dinge hier, erklärte er, die plötzlich wieder verschwunden seien. Es hänge vom Tageslicht ab. Ich bat ihn, die nächsten Täler anzufliegen und dabei immer eine dünne Linie im Auge zu behalten, die sich von dem Diagramm entfernte. 96 ▷

Plötzlich schrie ich »Halt!« und merkte gleich, wie unsinnig mein Kommando war. Schließlich saßen wir im Flugzeug, und in der Luft konnte man nicht anhalten. Für den Bruchteil einer Sekunde hatte ich dort unten etwas blitzen gesehen.

»Was war es?« fragte Eduardo.

»Keine Ahnung!« brüllte ich zurück. »Aber da unten ist etwas. Ich bemerkte komische Punkte, die zum Himmel glitzerten. Laß uns umdrehen!«

Eduardo zog einen großen Kreis. Angespannt starrte ich nach unten. Wegen der ausgehängten Tür hatte ich eine bessere Sicht als mein Pilot. Nach der ersten Runde war die Enttäuschung groß. Ich hatte nichts mehr bemerkt und war doch absolut sicher, daß dort unten etwas Außergewöhnliches lag. Bei der dritten Runde, diesmal aus nur 500 Meter Höhe, begann ich zu jubeln.

»Schau, Eduardo, schau! Unglaublich! Hier, direkt unter mir!«

Eduardo ließ das Flugzeug nach links abkippen. Dann sah auch er es.

Auf einer Bergkuppe lag ein Schachbrett aus weißen Punkten und Linien, in der Verlängerung gleich noch eines. Zusammengenommen war es ein riesiges, rechteckiges Schachbrettmuster, das zusätzlich noch einen kleinen Geländeeinschnitt überzog. Links davon verliefen einige schmale »Nazca-Linien«, zu Paaren geordnet. Das »Schachbrett« bestand aus 36 Quer- und 15 Längslinien, die wie Morsezeichen angeordnet waren: in Punkten und Strichen *(Bilder Nr. 97 + 98)*. Das gesamte Muster lag auf einer unebenen Bergkuppe. Rechts davon ein steiler Abhang und unten im Tal ein ausgetrockneter Wasserlauf. Mir wurde schlagartig klar, daß sowohl das Schachbrettmuster als auch das große geometrische Diagramm nie und nimmer von denselben Indios stammen konnte, welche die

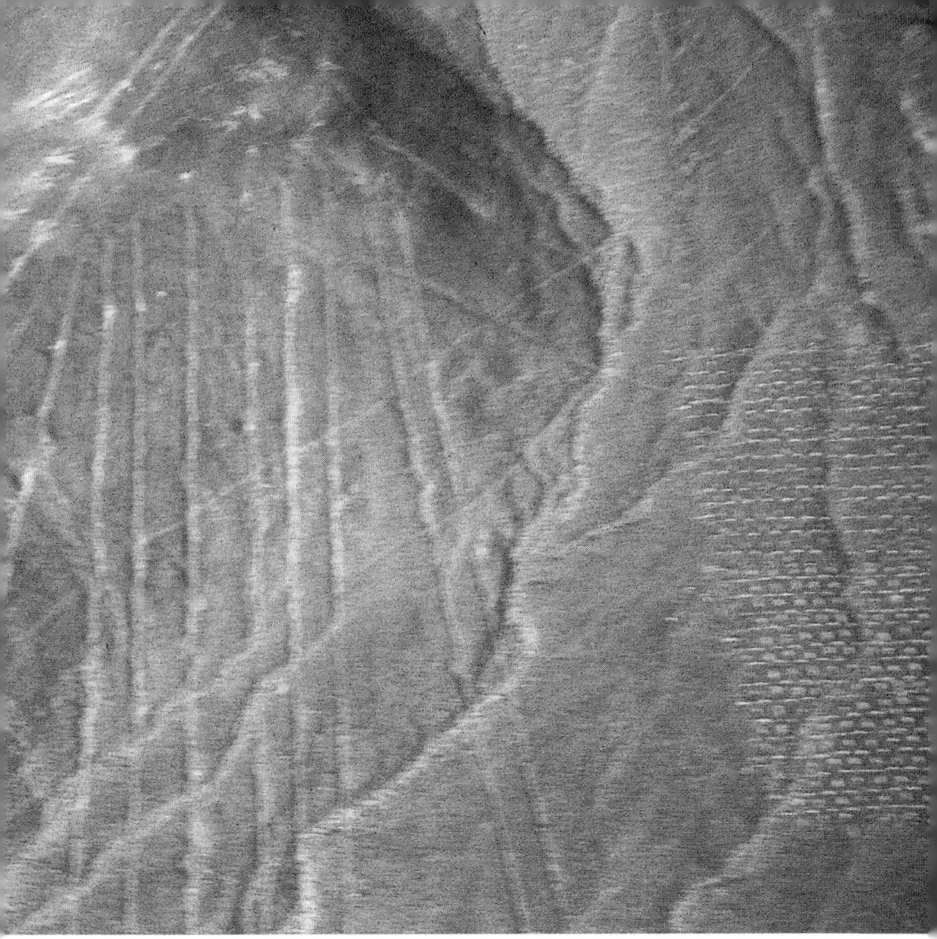

97

Nazca-Figuren angelegt hatten. Hier ging es um etwas völlig anderes. Da bedeckten keine Scharrzeichnungen den Boden, keine Nazca-Pisten, keine Tier- oder Menschenfiguren, und mit diesen geometrischen Beispielen konnte auch kein archäologischer Wanderprediger mehr daherkommen und behaupten, es handle sich um Darstellungen zu Ehren von Berggöttern. Und das Kultlied der Wassergötter konnte an diesen Bildern ebenfalls nicht angestimmt werden, und kein psychologischer Schlaumeier würde angesichts dieser geometrischen Figuren noch von »Fata Morgana« oder »Beschäftigungstherapie« schwafeln. 98 ▷

Ein begründeter Vorschlag

Hier – und jeder kann es bestaunen – geht es um Geometrie und Mathematik. Doch wozu? Eines hatte ich sofort begriffen: Sowohl das Schachbrettmuster als auch das gigantische geometrische Zeichen war nur für eine Gesellschaft sichtbar, die fliegen konnte. Jeder Nichtflieger hatte keine Chance, die beiden Muster je zu erblicken. Selbst wenn jemand während einer absurden Bergwanderung in diesem Glutofen zufälligerweise auf das Diagramm stieß, hätte er es nicht erkennen können. Es führt kein Weg daran vorbei, und auch keine noch so zauberhaften Berggötter helfen weiter: Schachbrettmuster und Diagramm sind für Flieger geschaffen worden. Und jeder Pilot kennt ähnliche Gebilde. Auf diese Idee brachte mich Peter Belting aus Aurich in Deutschland, selbst ein hervorragender Pilot. Er erklärte mir, man nenne diese Muster VASIS- oder PAPI-Anlagen. VASIS steht für *V*isuel *A*pproach *S*ide *I*ndicator *S*ystem, ein visuelles Anflugsystem, das dem Piloten anzeigt, ob er zu hoch, zu tief oder seitwärts zu sehr neben der Anflugschneise liegt. Die gleiche Funktion hat eine PAPI-Anlage. PAPI ist die Abkürzung von *P*recision *A*pproach *P*ath *I*ndicator und eine optische Landehilfe. Derartige Landehilfen bestehen aus mehreren Lichtern und Farben. Aufgrund der Lichtsektoren erkennt der Pilot sofort jede Abweichung vom idealen Anflugwinkel. Heute werden VASIS- oder PAPI-Anlagen mit elektrischem Licht betrieben, doch geht es auch ganz ohne Elektrizität. Je nach dem Muster, den geometrischen Linien oder den Farben weiß der Pilot, ob er im korrekten Anflugwinkel landet oder ob er seine Position ändern muß. Das gilt selbstverständlich auch für die sogenannten automatischen Piloten.

Hat diese Erkenntnis etwas mit Nazca zu tun? Hier mein Vorschlag, für den ich anschließend gleich »Landehilfen« mitliefere:

In der Sanskritliteratur Indiens wird beschrieben, wie sich einst riesige Weltraumstädte um die Erde drehten. Zur Kontrolle für diese Behauptung schlage ich den Kritikern vor, den Band *Drona Parva* aus dem *Mahabharata* aufzuschlagen. Jede größere Universitätsbibliothek besitzt das Werk. Es wurde im Jahre 1888 vom seinerzeit berühmtesten Sanskritgelehrten, dem Indologen Professor Protap Chandra Roy, ins Englische übersetzt.[68] Damals, 1888, konnte Professor Chandra Roy nicht ahnen, daß es in einer fernen Zukunft einmal Gebilde geben könnte, die »Weltraumstädte« genannt werden – eben weil sie sich im Weltall bewegen. Auf Seite 690, Vers 62 des *Drona Parva* übersetzte Professor Roy:

»Ursprünglich verfügten die tapferen Asuras über drei Städte im Himmel. Jede dieser Städte war groß und vorzüglich gebaut... Trotz all seiner Waffen gelang es Maghavat nicht, diese Himmelsstädte irgendwie zu beeindrucken...« Seite 691, Vers 50: »...als dann die drei Städte am Firmament zusammentrafen...«

Es dürfte auffallen, daß nicht von einem ominösen Himmel, einem Ort der geistigen Glückseligkeit gesprochen wird, sondern vom *Firmament*.

Aus diesen Städten besuchten verschiedene Flugzeugtypen die Erde. Die Inder nannten sie *Vimanas*.[16,51] Eines dieser Vimanas landete in der Gegend von Nazca. Natürlich benötigte es dazu *keine* Piste, es wäre ohnehin niemand dagewesen, der zunächst eine Piste hätte erstellen können. Weshalb um alles in der Welt sollte denn eine Besatzung von Außerirdischen im trostlosen und ausgedorrten Nazca-Gebiet niedergehen? Weil es in der Gegend wimmelt von Mineralien: Eisen, Erzen, Gold und Silber.

99

100

Heute noch wird in der Umgebung gebohrt und im Südosten von Nazca intensiver Bergbau betrieben *(Bilder Nr. 99 + 100)*. Das Erzbergwerk von Marcona ist das größte von Peru, dort wird nicht nur Eisen gefördert, sondern man buddelt auch nach Mineralien aller Art.

Wer hier – wie Maria Reiche – entgegenhält, der Boden unter der Oberfläche von Nazca sei zu weich, um ein schweres Gerät tragen zu können, versteht nichts von Weltraumfahrt. Waren denn die Amerikaner vor der Mondlandung nicht mit dem gleichen Problem konfrontiert? Niemand wußte, ob der Mondboden an der Landestelle das Gerät tragen würde, doch eine technologische Gesellschaft wird mit solchen Unwägbarkeiten fertig.

Durch die Landung war auf dem Boden eine trapezförmige Fläche entstanden. Das Trapez ist dort am breitesten, wo die Landefähre aufsetzte, und dort am schmalsten, wo die Luftwirbel am wenigsten auf den Boden einwirkten.

Mit Furcht und Staunen verfolgten die Indios von den fernen Hügeln und Bergen das seltsame Treiben der Fremden. Plumpe, menschenähnliche Wesen in goldschimmernden Häuten gingen umher, bohrten Löcher in den Boden, sammelten Gesteine ein und hantierten mit seltsamen Geräten. Dann, eines Tages, dröhnte es ungeheuer, die Indios eilten zu ihren Beobachtungsposten und erlebten, wie das »göttliche Fahrzeug« sich in den Himmel erhob.

Damit war der Wallfahrtsort Nazca geboren. Nazca war jetzt ein »heiliger Grund«. Hier hatten die Götter gewirkt!

Doch bald kehrten die Götter zurück, diesmal mit anderen Himmelsfahrzeugen. (In den indischen Sanskrittexten werden 20 unterschiedliche Vimanas beschrieben: mit oder ohne Räder, mit oder ohne Flügel, laut oder leise und dergleichen.) An einer Stelle legten die Götter ein schmales, farbiges Band auf die Erde und bogen es zu einer

Zickzacklinie. Es enthielt die Lande- und Startinformationen für die Vimanas, ähnlich wie heute auf einem Flugzeugträger. Doch dies konnten die Eingeborenen nicht wissen. Schließlich versahen die Götter bestimmte Bergkuppen mit riesigen geometrischen Mustern, die als Landeorientierung dienten wie heute die VASIS- oder PAPI-Anlagen. Auch dies konnten die Eingeborenen nicht ahnen. Dann begannen die Götter, irgend etwas abzubauen und damit wegzufliegen. Durchaus möglich, daß der Rohstoff, den die Fremden benötigten, gar nicht aus dem Boden geholt, sondern im Tagebau weggescharrt wurde.

Dieses Treiben mag einige Wochen oder Monate gedauert haben. Niemand wird es je herausfinden – es sei denn, die Götter kehren zurück und klären uns auf.

Endlich herrschte wieder Ruhe im Gebiet. Die Götter waren abgezogen und hatten alle ihre Geräte mitgenommen. Die mutigsten Indios wagten sich zögernd an den Ort des Geschehens. Ratlos standen sie herum, wußten nicht, was die himmlischen Wesen eigentlich getan hatten. Vom ganzen Spuk war nichts übriggeblieben als einige Trapezflächen und eine breite Bahn mit einer schlangenförmigen Linie darunter. Dazu noch zwei, drei seltsame Ringe und Rechtecke auf einigen Hügeln.

Der Beginn eines Kults

Neugierig, wie Menschen sind, kehrten kleinere Gruppen immer wieder an diesen mystischen Ort zurück. Sie redeten und versicherten sich gegenseitig, alles sei wahr, hier seien Götterwagen vom Himmel gekommen. Was aber bedeuteten die Bodenzeichen, welche die Götter hinterlassen hatten? Waren die Menschen damit nicht aufgefordert, solche Flächen für die Götter herzurichten? War es dies, was die Himmlischen von den Menschen erwarteten?

Die Priester erteilten den entsprechenden Befehl, und das Volk gehorchte. Nazca wurde zum Kultort. Und weil sich die Anzahl der Indios stetig erhöhte, mußten immer mehr Felder bebaut werden. Dies erforderte mehr Wasser. Eine ungeheure Herausforderung – doch für die Götter taten die Menschen alles. Die Indios begannen, Wasserkanäle zu bauen und größere Felder anzulegen. In sämtliche Himmelsrichtungen entstanden Linien und Trapezflächen, ein Stamm versuchte den anderen zu übertrumpfen. Sie alle schufteten in der seligen Hoffnung, die Götter würden zurückkommen und sie für ihre Plackerei reichlich entlohnen.

Jahre und Jahrzehnte gingen dahin, Generationen kamen und vergingen. Die Priester beobachteten den Himmel: Von dort oben, von den fernen Lichtpunkten, waren die Götter gekommen. Dies wußte man ganz bestimmt, denn die ehrwürdigen Großväter hatten es noch mit eigenen Augen gesehen. Doch weshalb kehrten die Götter nicht zurück? Hatten die Menschen sie verärgert? Hatten sie Schuld auf sich geladen, die es abzubüßen galt? Die Schufterei in der trockenen Hitze wurde als »Opfer« verstanden. Je mehr ein Indio sich abrackerte, desto »reiner« mußte er vor den Augen der Götter erscheinen. Je eindrucksvoller ein Bodenzeichen gestaltet wurde, desto größer würde der Lohn der Götter ausfallen. Dies war auch der Grund, weshalb ein Stamm damit begann, eine der eher schmalen Bergkuppen zu planieren und eine Piste mit herrlichen Ornamenten aus dem Boden zu kratzen. Er ist wunderbar anzusehen: der helle Streifen auf dem Untergrund mit der langgezogenen Blume an seinem Ende *(Bilder Nr. 101 + 102)*. Es war wohl eine besonders eindrück-

101

102

liche Aufforderung an die Himmlischen, doch hier und nicht bei einer Konkurrenzsippe niederzugehen.

Irgendwann reifte die Einsicht, man müßte die Himmlischen wissen lassen, daß sie erwartet wurden. Also galt es, Zeichen zum Himmel zu senden, was die einleuchtendste Lösung zu sein schien. Vielleicht glaubten die Häuptlinge auch, das Wappen ihres Stammes besonders nachhaltig anlegen zu müssen, damit die Himmlischen es sahen und ihr Volk segneten. Wieder begann die Plackerei. Jetzt trugen die Indios Steine zusammen und begannen den Boden großräumig abzukratzen. Schnüre wurden ausgelegt. Nachdem das erste Stammeszeichen den Boden zierte – eine Spinne –, merkten die Künstler unter den Indios rasch, daß die Proportionen nicht stimmten und die Krümmungen unregelmäßig verliefen. Sie halfen sich mit einer simplen Methode. Mit einem Holzstock ritzte ein Künstler eine einfache Spinne in den Boden, gerade so groß, daß er sie noch überblicken konnte. Dann legte er kleine, helle Steinchen in sein Modell, jedes Steinchen sollte für ein Kind stehen. Anschließend wurden die Kinder zusammengerufen, und jedes Kind nahm im Gelände die Position eines Steinchens ein. Oft mußten einzelne Kinder wieder umdirigiert werden, weil sie am falschen Platz standen. Doch schließlich gelang das Wunder: Aus einem kleinen Modell war eine überdimensionale Figur entstanden.

Ob es sich so abgespielt hat oder ein bißchen anders, wissen wir nicht. Ich will auch nicht behaupten, die erste, älteste Landung sei die von Außerirdischen gewesen. Vielleicht hatte auch nur ein Vimana vorbeigeschaut, fliegende Menschen, wie sie in der alten Literatur beschrieben sind. Doch etwas ist für mich sternenklar: Irgendwer hatte irgendwann eine Landung vollführt und später noch einige dazu, sonst wären keine Anflughilfen notwendig gewesen. Über viele Jahrhunderte wurde die Gegend zum Kultort.

Die Tatsachen im Boden bezeugen es. Und die Realität der Piste in 2400 Meter Höhe auf der Cordillera de Chicauma in Chile belegt außerdem, daß der Ursprung der Pistenzieherei in eine sehr ferne Vergangenheit zurückdatiert werden muß.

Das Kunterbunt der Liniennetze beweist auch, daß viele Generationen andere Zeichen setzten als ihre Vorfahren. Es ging buchstäblich drunter und drüber. Richtete eine Gemeinschaft einige Linien auf bestimmte Sterne aus, so konzentrierte die nächste ihre Kunst auf den Sonnenuntergang beim Herbstbeginn. Genügte einem Stamm eine schmale Ziellinie von 900 Metern, so glaubte der nächste, die Linie müsse »endlos« sein und schließlich auf einer Bergkuppe enden, um jenen rätselhaften Göttern als Visierpunkt zu dienen. Und hatte man eine Linie gezogen, so fanden die nachdenklichen Priester heraus, daß dies nicht genüge, denn nach der Überlieferung waren die Götter mit Himmelswagen gekommen, und die zogen *zwei* Furchen in den Grund.

Man wird – und dies darf ich gleich voraussagen – in Nazca kein einheitliches System entdecken. Das Linien- und Pistennetz ist weder Kalender noch Karte, weder Kulturatlas noch Astronomiebuch – und selbstverständlich auch kein Raumflughafen. Es steckt keine generelle Ordnung dahinter, weil jeder Stamm und jede Generation andere Ideen in den Wüstenboden kratzten. Und weshalb soll denn das alles wegen einer vorgeschichtlichen Fliegerei begonnen haben?

Die Figuren an den Bergwänden schreien es zum Himmel und zur Erde! Strahlenbekränzte Wesen, Gestalten, die mit einem Arm himmelwärts weisen, mit dem anderen zur Erde, und all dies nicht nur in und um Nazca, sondern von Chile bis in den Süden der USA. Das gleiche gilt für die auf Keramik gemalten und auf Textilien gewobenen

Göttergestalten, und zwar bis hinauf nach Arizona. Dort stellen die Hopi-Indianer bis auf den heutigen Tag jene himmlischen Besucher in Form von Puppen dar. Nicht zu vergessen die deformierten Schädel, ob sie nun zu echten Göttern gehörten oder lediglich imitiert wurden. Wenn alle diese Gestalten nicht als Beweis gelten, wenn man sich vor offensichtlichen Tatsachen abwendet, dann hat eine Sammelwissenschaft ihren Sinn verloren. Doch gibt es noch einige zusätzliche Indizien, die diese Hypothese unterstützen.

Flugzeuge aus fernen Zeiten

Im Goldmuseum der kolumbianischen Hauptstadt Bogotá sind seit Jahrzehnten auch flugzeugähnliche Modelle zu sehen, die in verschiedenen Fürstengräbern gefunden worden waren. Die Archäologie hat sie als Insekten eingestuft, obwohl nirgendwo in ganz Südamerika von einem derartigen Kult die Rede ist. Und um einen Kult muß es sich schließlich gehandelt haben, denn sonst hätte man die Dinger nicht mit teurem Gold überzogen und den verstorbenen Häuptlingen in die Gräber gegeben. Außerdem wachsen die Flügel von Insekten aus dem Körper heraus. Insekten sind keine Tiefdecker – im Gegensatz zu den Flugzeugmodellen im Goldmuseum. Die Kopie eines solchen Modells aus dem Goldmuseum dient heute als Logo für die »Ancient Astronaut Society«. Das ist eine internationale Vereinigung, die sich mit den Spuren von Außerirdischen in einer fernen Vergangenheit befaßt. (Informationen darüber finden Sie am Ende dieses Buches.)

Nun wollte es der Zufall, daß drei meiner guten Bekannten, Dr. Algund Eenboom, Peter Belting und Conrad

103

Lübbers, im Überseemuseum von Bremen eine Ausstellung besuchten, die altkolumbianische Schmuckstücke zeigte. Die drei Männer sind Mitglieder der »Ancient Astronaut Society« (AAS), jeder kannte das Logo dieser Organisation. Und siehe da, unter den Exponaten des Überseemuseums befanden sich auch einige Objekte, die dem AAS-Logo sehr ähnlich sahen. Die in Bremen ausgestellten Schmuckstücke stammten aus dem »Besitz des kolumbianischen Sammlers Vicente Restrepo aus Medellín, der sie dem Bremer Kaufmann Carl Schütte« übereignet hatte.[69] Im Jahre 1900 hatte Schütte den rund vier Kilo schweren Goldschatz dem damaligen Museum für Natur-, Völker- und Handelskunde in Bremen geschenkt.

Diese flugzeugähnlichen Modelle haben eine seltsame Form: große, hochgestellte Schwanzflossen, schmale, hin-

104

tere Flügelstummel und vorne zwei breite Deltaflügel. Der Bug ist abgerundet, im Zentrum des Objekts fällt eine breite Öffnung auf, geradeso, als ließe sich dort ein geräumiges Cockpit einbauen. Eigentlich wirkte das Ding unvollkommen. War das Gebilde überhaupt flugtauglich?

Die Dreiergruppe wollte dies überprüfen. Peter Belting ist selbst Pilot, und so ging man daran, eine exakte Replik des Logos der AAS in Form eines stark vergrößerten Modellflugzeugs zu bauen. Die Flugversuche übertrafen jede Erwartung *(Bilder Nr. 103 + 104)*. Es war ein Sieg des praktischen Verstandes über die akademischen Vorurteile. Trotz des Lochs im Hauptteil, trotz der stumpfen Spitze – das Modell vollzog jede Kurve in meisterlicher Manier. Und all dies ohne irgendwelche Zusatzmechanik wie Landehilfen oder Seitenruder.

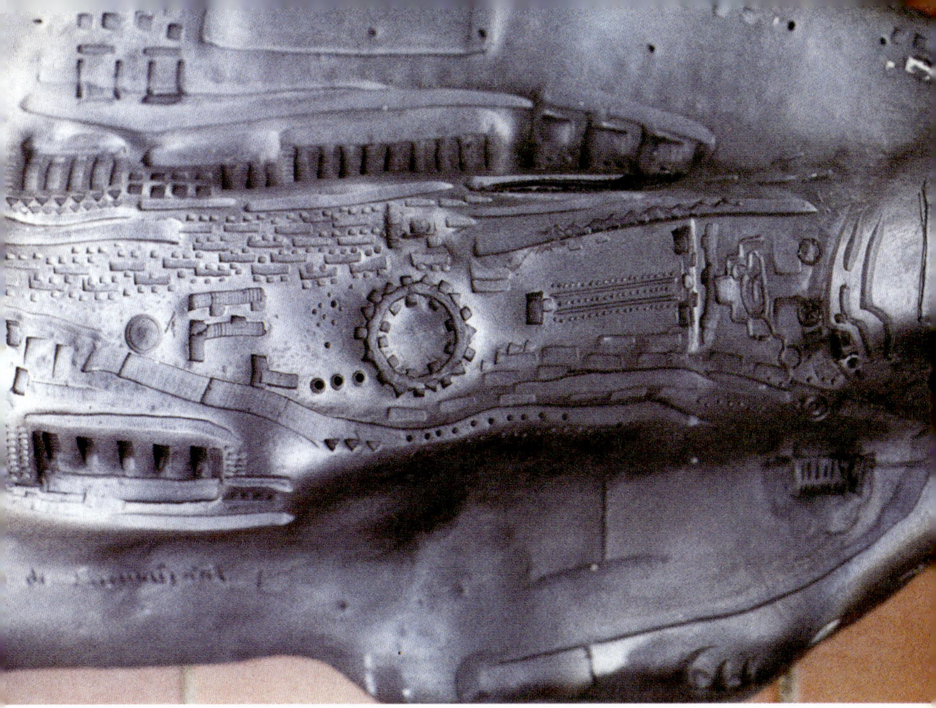

106

Dazu gibt es eine Ergänzung: Fünf Autostunden von Santa Cruz in Bolivien entfernt erhebt sich beim Dörfchen Samaipata der Berg »El Fuerte«. Seine Spitze gleicht einer Pyramide, und mittendrin verlaufen von unten nach oben zwei parallele, 38 Zentimeter breite und 27 Meter lange, schnurgerade Rillen. Das Ganze sieht aus wie eine zum Firmament gerichtete Rampe. Den höchsten Punkt der »Rampe« bildet ein in den Felsboden geschnittenes Rondell: ein Kreis von zwei Meter Durchmesser und auf der Kreislinie herausgemeißelte Dreiecke und Rechtecke (*Bilder Nr. 105 + 106*, das letztere ist ein Modell).

Die Fachwelt rätselt über die Bedeutung von El Fuerte. Man spricht von einer »Kultstätte der Inka«[70], von einem »Ahnenkult«[71], »von der Laune eines Fürsten oder Narren«[72] oder von einer militärischen Festung. Das letztere ist so ziemlich die dümmste aller Interpretationen,
◁ 105 denn bei El Fuerte gab es nichts zu verteidigen. Der Berg

liegt da wie eine künstliche Pyramide, offen und von allen Seiten zugänglich. Der Amerikanist Dr. Hermann Trimborn stellte fest, der Gesamtkomplex sei eine »einmalige und mit keiner anderen Ruinenstätte vergleichbare Schöpfung«[73].

Wie könnte man diese »einmalige Ruinenstätte« deuten?

Jede sinnlos scheinende Ruinenstätte diente einem Kult, und Kulte gehen meistens auf die Götter zurück. Die Cargokulte unseres Jahrhunderts entstehen aus nichts anderem als aus mißverstandenen Technologien zwischen einer technisch unterentwickelten und einer technisch bereits fortgeschrittenen Kultur. Welcher Kult wurde auf El Fuerte zelebriert? Man stelle sich ein Flugzeugmodell vor, nicht aus schwerem Gold wie in Kolumbien, sondern aus leichtem Holz. Theoretisch ließe sich das Modell mit einer feinen Goldlegierung überziehen, die südamerikanischen Kulturen beherrschten diese Technik schon lange vor den Inka in perfekter Manier. Dieses Flugzeugmodell wird am unteren Ende vor die »Rampe« von El Fuerte gelegt und verankert. Jetzt zieht man ein Gummiband von unten nach oben, bis zum Rondell mit den ausgemeißelten Drei- und Vierecken. O ja, Gummi kannte man in Mittel- und Südamerika schon lange vor den Europäern. Am oberen Ende wird das Gummiband um einen Holzbalken gewickelt, und starke Arme drehen es um das Zentrum des Rondells. Dort, mitten im Kreis, liegt tatsächlich ein runder Gesteinsbrocken, der mit dem Fels verwachsen ist. Je mehr das Gummiband sich dehnt, desto größer wird die Stemmerei für die Männer. Deshalb verankern sie ihren Balken immer wieder zu Verschnaufpausen in einem der herausgemeißelten Vierecke *(Bild Nr. 107)*. Beim großen Fest genügte ein priesterlicher Befehl, und jemand zerschlug das angespannte Gummiband mit einem Axtschlag. Damit wurde das Flugzeugmodell himmelwärts katapul-

107

108

tiert, den Göttern entgegen. Möglich, daß dem göttlichen Flieger sogar kleine Objekte als Opfergaben mit auf die Reise gegeben wurden.

Dies ist nicht mehr als eine Idee. Vielleicht hilft sie, das Rätsel von El Fuerte zu lösen. Sicher ist lediglich, daß es in vorinkaischen Zeiten flugzeugähnliche Modelle gab und sich diese als perfekt flugtauglich erwiesen. Sicher ist ferner, daß in Süd- und Mittelamerika ein Götterkult existierte, der mit dem Fliegen zu tun hatte. Nazca und alle himmelwärts gerichteten Figuren bezeugen dies. Ein »Flugzeugmodell« ähnlicher Art ist sogar in den Boden von Nazca gescharrt. Da liegt in einem blumenartigen Gebilde ein Kreis, und mitten darin ein »Vogel« mit steifen Schwingen *(Bild Nr. 108)*.

Woher aber kamen diese Götter? Handelte es sich lediglich um irdische Flieger aus dem asiatischen Raum, die den südamerikanischen Indios technisch überlegen waren? Derartige Gefälle zwischen technologischen Gesellschaften und Entwicklungsländern gibt es schließlich auch heute. Woher aber hatten die »Fortgeschritteneren« ihre Kenntnisse? Von den Göttern, den himmlischen Lehrmeistern, behaupten die alten Überlieferungen. Ach ja, wirklich? höhnt der Spötter ironisch. Woher und überhaupt wie sollen denn diese Außerirdischen gekommen sein? Und weshalb?

Deshalb. Die nächsten Seiten erklären es.

WO SIND DIE AUSSERIRDISCHEN?

Nichts in der Welt wird so gefürchtet wie der Einfluß von Männern, die geistig unabhängig sind.

Albert Einstein, 1879–1955

Am 8. August 1996 strahlte der Nachrichtensender CNN eine spektakuläre Pressekonferenz der NASA aus. Stolz verkündete NASA-Direktor Daniel Golden, man habe in einem 3,56 Milliarden Jahre alten Marsmeteoriten organisches Material gefunden – genauer: Spuren von Bakterien. Der Bakterienprobe wurde auch umgehend eine wissenschaftliche Bezeichnung verpaßt: ALH 84001. Mehrere Wissenschaftler erklärten, wie es zu dem Fund gekommen sei und auf welche Weise man die Bakterienproben sichtbar gemacht habe. Neun Wochen später gab Dr. David McKay vom Johnson-Forschungszentrum in Houston bekannt, in einem weiteren Marsmeteoriten, diesmal »mehrere Milliarden Jahre jünger«[74], seien erneut organische Spuren gefunden worden. Die erste Analyse hatte eine zweite Bestätigung gefunden, doch kaum jemand interessierte sich für die Meldung. Je nach ideologischer oder religiöser Couleur nahmen die Menschen die NASA-Verlautbarungen begeistert oder schockiert entgegen. Spuren von Leben auf dem Mars? Unerhört! Waren wir doch nicht allein in den endlosen Weiten des Universums?

In den darauffolgenden Wochen kristallisierten sich die Meinungen in Tageszeitungen, Magazinen und Leserbriefen. Die katholische Kirche hatte im Grunde nichts gegen außerirdisches Leben. Schließlich war Gottes Schöpfung unendlich, und schon Jesus hatte verkündet: »In meines Vaters Haus sind viele Wohnungen.« Ganz anders klangen die Kommentare von unzähligen Sekten: Für sie hatte die Schöpfung nur für den Menschen stattgefunden, und ausschließlich der Mensch mußte von Gottes eigenem Sohn erlöst werden. Unerträglich der Gedanke, irgendwo dort draußen im Universum könnten Lebewesen existieren, die nicht christlich und nicht mit einer Erbsünde behaftet waren. Noch ungeheuerlicher die Vorstellung, der liebe Gott habe seinen Sohn auf unzählige andere Welten schikken müssen, damit sich das Kreuzigungsdrama dort ständig wiederhole.

Die Wissenschaft verhielt sich skeptisch und atmete zunächst einmal tief durch. Dann quoll aus den Medien das Echo, wie es von wissenschaftlicher Seite nicht anders zu erwarten war. Primitives Leben dort draußen? Warum nicht? Aber eben: nur *primitives* Leben. Nobelpreisträger Professor Dr. Manfred Eigen äußerte dazu im Nachrichtenmagazin »Spiegel«, aus primitiven Einzellern müßten noch lange keine komplizierten Lebewesen hervorgegangen sein. Zitat: »Höhere Stufen des Lebens oder gar Intelligenz wird die Menschheit daher im All kaum finden, zumindest nicht in erreichbarer Entfernung.«[75]

Alles Unsinn! möchte ich dem entgegenhalten. Wir werden dort draußen eine Fülle von intelligenten Lebensformen finden. Die meisten von ihnen werden menschenähnlich sein, und die Überbrückung der interstellaren Distanzen ist erst recht kein Problem.

Wie kann ich eine derartige Behauptung in die Welt setzen? Basiert meine Annahme auf einem dummen Glauben? Ist sie Einbildung, Phantasie oder sture Rechthaberei? Wo sind die Beweise?

Seit gut zehn Jahren weiß jeder Radioastronom, daß es im Weltall von Lebensbausteinen nur so wimmelt. Lebensbausteine sind Molekülketten, und da jedes Molekül eine eigene, typische Schwingung hat, läßt sich diese Schwingung (= Wellenlänge) von unseren ausgeklügelten und riesigen Radioteleskopen anmessen. Das geschieht fast tagtäglich. Hier nur wenige der bekannten »Baustoffe«, die unter dem Lichtdruck irgendeines Sterns im Weltall herumschwirren:

Chemisches Zeichen	*Molekül*	*Wellenlänge*
OH	Hydroxyl	18,0 cm
NH	Ammoniak	1,3 cm
H_2O_3	Wasser	1,4 cm
H_2CO	Formaldehyd	6,2 cm
HCOOH	Ameisensäure	18,0 cm
H_3C-CHO	Acetaldehyd	28,0 cm

Damit sich Leben entwickelt, sind Planeten vonnöten, die zudem ihre Heimatsonne noch in einer idealen Distanz umkreisen. Es darf weder zu heiß noch zu kalt sein. Seit das Hubble-Teleskop außerhalb der störenden Erdatmosphäre die Umgebung einiger Sterne abtastet, wissen wir mit schlafwandlerischer Sicherheit, daß außerhalb unseres eigenen Sonnensystems andere Planeten existieren. Steven Beckwith, Direktor des Max-Planck-Instituts für Astronomie in Heidelberg, vertritt die klare Meinung, »daß es in der Galaxie Planeten im Überfluß gibt«, darunter viele mit günstigen Lebensbedingungen. Und der britische Astronom David Hughes fügt hinzu: »Zumindest dem Modell nach müßten in der Milchstraße 60 Milliarden Planeten kreisen.« Vier Milliarden davon seien »erdähnlich, feucht und wohltemperiert«.[76] Die statistische Wahrscheinlichkeit für erdähnliche Planeten war schon immer sehr hoch. Wo es Katzen gibt, da gibt es auch Kätzchen – wo Sonnen sind, sind auch Planeten.

Erdähnliche Planeten – und nicht nur die – enthalten logischerweise Wasser. Die NASA hat Wasser auf dem Jupitermond »Europa« festgestellt, gefrorenen Sauerstoff auf dem Mond »Ganymed« und Eis in einem Mondkrater. Selbst auf dem Mars gibt es gefrorenes Wasser (Eis) an den Polkappen und in tieferen Schichten. Die Vorstellung, dieses außerirdische Wasser sei steril, wird sich sehr rasch als Trugschluß entpuppen, denn Wasser entsteht stets auf die gleiche Weise. Der Planet kühlt sich ab, Gasdämpfe aller Zusammensetzungen werden in höhere Schichten geschleudert, regnen auf brodelnde Gesteinsmassen und verdampfen erneut. Mit den Jahrmillionen binden sich die Atome zu Molekülketten und die – unter anderem – zu Wasser. Dieses Wasser fließt, zischt und brodelt aber dauernd über und durch Gesteinsformationen, welche die Bestandteile des Lebens bereits enthalten. Schließlich sind die Planeten aus demselben Urstoff entstanden, und was die Radioastronomen an organischen Molekülketten im Kosmos ermitteln, ist genauso in den Krusten erdähnlicher Planeten vorhanden. Es gibt nun mal kein Gestein ohne Mineralien. Der Weg zu komplizierten chemischen Verbindungen und damit unweigerlich zu organischer Materie ist vorgegeben. Das weiß seit den Versuchen von Stanley Miller jeder Chemiestudent.

Im Jahre 1952 hatte der Biochemiker Dr. Stanley Miller einen Glasbehälter konstruiert, in dem er eine künstliche Uratmosphäre aus Ammoniak, Wasserstoff, Methan und Wasserdampf zirkulieren ließ. Damit das Experiment unter keimfreien Bedingungen durchgeführt werden konnte, hatte Miller seine Apparatur mitsamt den Beigaben zuerst 18 Stunden lang auf 180 Grad Celsius erhitzt. Über zwei in den Glasbehälter eingeschmolzene Elektroden wurden kleine Urgewitter erzeugt. In einer zweiten kleineren Glaskugel wurde keimfreies Wasser erhitzt, dessen Dampf durch ein Röhrchen in die »Miller-Apparatur« floß. Die abgekühlten Chemikalien sickerten erneut in die Kugel mit keimfreiem Wasser, erhitzten sich und stiegen wieder in die Kugel mit der Uratmosphäre auf. Auf diese Weise erzeugte Miller einen Kreislauf, wie er nach der damaligen Lehrmeinung in Urzeiten auch auf der Erde stattgefunden hatte. Der Versuch erstreckte sich über eine Woche. Die Analysen ergaben Aminobuttersäure, Asparaginsäure, Alanin und Glycin – Aminosäuren also, die für den Aufbau von biologischen Systemen notwendig sind. Anorganische (tote) Verbindungen hatten sich in Millers Versuch in komplizierte organische Verbindungen verwandelt.

Zwar mußte Stanley Miller in den nachfolgenden Jahren etliche Dämpfer hinnehmen. Die Nobelpreisträger Francis Crick und James Watson hatten die Doppelhelix der DNS (Desoxyribonukleinsäure) entdeckt, und die bestand aus Nukleotiden, ohne die kein Leben möglich war. Doch Miller und seine Crew holten rasch auf. Unter veränderten Bedingungen des Experiments entstanden prompt auch Nukleotide. Inzwischen ist es sogar eine gesicherte Lehrmeinung, daß die Uratmosphäre nicht aus Wasserstoff und Methan bestanden haben kann, weil das einfallende Sonnenlicht diese Substanzen zersetzt hätte. Diese Erkenntnis veränderte nur die Zutaten im Experiment.

Für die Fachleute der Chemie besteht nicht der geringste Zweifel, daß aus anorganischen Verbindungen organische werden. Die Miller-Versuche sind in den vergangenen 30 Jahren unzählige Male unter veränderten Bedingungen wiederholt worden. Immer mehr Aminosäuren entstanden. Mal wurde statt Ammoniak Stickstoff verwendet, mal statt Methan Formaldehyd, ja sogar Kohlendioxyd. Millers ehemalige Funkenblitze wurden durch Ultraschall oder ganz gewöhnliches Licht ersetzt. Die Resultate änderten sich nicht. Aus den so verschiedenartig aufgebauten Uratmosphären, die nicht die Spur von organischem Leben enthielten, bildeten sich jedesmal auch Aminosäuren und stickstofffreie organische Karbonsäuren. Bei einigen Versuchen lieferte die behandelte Uratmosphäre sogar Zucker.

Aus diesem experimentellen Wissen heraus und aus der Tatsache der im Weltall ermittelten organischen Molekülketten verstehe ich den Aufruhr nicht, den die NASA-Pressekonferenz verursachte. Spuren von Leben im Weltall? – Was denn sonst? Organische Verbindungen im Marsgestein? Selbstverständlich! Und was für Mars und Erde zutrifft, gilt genauso für alle erdähnlichen Planeten.

Nun sind organische Moleküle und primitive Lebensformen wie Bakterien noch lange kein kompliziertes Leben. Da hat Nobelpreisträger Manfred Eigen weiß Gott recht. Fatalerweise aber haben unsere Wissenschaftler die seltsame Neigung, den Entwicklungsprozeß zu komplizierten Lebensformen auf die Erde zu beschränken. Das ist pure Egozentrik! *Nur* bei uns, *nur und ausschließlich* hier auf der Erde soll sich das Wunder der Menschwerdung abgespielt haben! Wie total daneben diese eigensinnige Denkweise ist, belegt nachfolgendes Gedankenexperiment.

Johann von Neumann war Mathematiker mit phantastischen Ideen. In den fünfziger Jahren erdachte er einen seltsamen Apparat, der unter den Astronomen den Namen »Von-Neumann-Maschine« erhielt. Sie taucht immer dann in der Literatur auf, wenn es darum geht, ferne Planeten bewohnbar zu machen, obschon nie eine »Von-Neumann-Maschine« konstruiert worden ist.

Die »Von-Neumann-Maschine« ist eine sich selbst reproduzierende Apparatur.[77] Was soll man sich darunter vorstellen?

Ein raketenähnliches Gebilde startet von der Erde, verläßt unser Sonnensystem und peilt die nächste Sonne – Proxima Centauri, runde vier Lichtjahre entfernt – an. Während des Fluges fährt die Apparatur Sensoren aus, die feststellen sollen, ob um Proxima Centauri herum überhaupt Planeten kreisen und ob es einen Planeten innerhalb der Ökosphäre gibt. Ist kein solcher Planet vorhanden, auf dem es weder zu heiß noch zu kalt ist, fliegt die Apparatur weiter und setzt ihre Suche nach einem erdähnlichen Planeten fort. Sowie die »Von-Neumann-Maschine« einen geeigneten Planeten entdeckt hat, wird dieser angesteuert. Nun vollziehen Teile der Apparatur mittels Fallschirm eine weiche Landung.

An Bord der »Von-Neumann-Maschine« befinden sich Greifwerkzeuge aller Art, unterschiedliche Meßinstrumente, ein kleiner Hochofen und ein Computer, der die Funktionsweise der Apparatur steuert. Ein Miniaturauto wird abgesetzt, Fühler bohren sich in den Boden der fremden Welt, die Gasgemische werden analysiert und selbstverständlich auch festgestellt, ob oder welche Lebensformen bereits existieren. Schritt für Schritt beginnt die »Von-Neumann-Maschine« Eisen und Stahl zu produzieren, kleine Zahnrädchen zu formen und elektrische Leitungen herzustellen. Das alles dauert Jahrhunderte, doch die »Von-Neumann-Maschine« hat sehr viel Zeit. Irgendwann, und wenn es 10 000 Jahre dauert, hat die »Von-Neumann-Maschine« sich selbst nachgebaut und auch die bei der Landung verlorengegangenen Teile wieder ersetzt. Nun gibt es zwei »Von-Neumann-Maschinen«. Die starten von der fremden Welt, jede Apparatur hat als Ziel eine andere Sonne. Während Jahrmillionen breiten sich auf diese Weise »Von-Neumann-Maschinen« über einen berechenbaren Sektor der Milchstraße aus. Die »Von-Neumann-Maschinen« haben sich vermehrt – multipliziert für die Ewigkeit.

Die gesamten Kosten, welche die Menschheit für die Ausbreitung der »Von-Neumann-Maschinen« aufzuwenden hätte, beliefen sich auf das erste Exemplar.

Daß »Von-Neumann-Maschinen« unrealistisch sind, wußte auch Johann von Neumann selbst. Der Aufwand für eine derartige Apparatur war in den fünfziger Jahren völlig utopisch. Und heute?

In den vergangenen zwei Jahrzehnten hat die Computertechnologie Fortschritte gemacht, die sich zu Johann von Neumanns Zeiten niemand hätte träumen lassen. Bereits Mitte der achtziger Jahre schaffte jeder bessere PC eine Rechengeschwindigkeit von einigen Megaflops (FLOPS = Floating Point Operations per Second = Rechenoperationen pro Sekunde. MEGAFLOPS = eine Million Flops). Zehn Jahre später gab es den Gigaflop (eine Milliarde Flops), und kurz danach waren zehn Gigaflops geschafft. Heute werden 100-Gigaflop-Computer gehandelt, und in Entwicklung ist der »Terraflop« (= eine Billion Flops). In der Branche redet man bereits von Zehn-Terraflops-Computern. Mit der Rechengeschwindigkeit stieg aber auch die Miniaturisierung. Fachleute können sich einen Terraflop-Computer in der Größe einer Streichholzschachtel vorstellen.

Eine andere Technologie, von der die Öffentlichkeit wenig erfährt, ist die »Nanotechnologie«. Ein »Nanometer« ist gerade so lang wie der Millionste Teil eines Millimeters – unsichtbar winzig. Dennoch ist es möglich, in diesen mikroskopischen Bereichen zu arbeiten und verschiedene winzige Bauelemente zusammenzufügen. Das nennt man »Nanotechnologie«. Beispielsweise ist im Kernforschungszentrum Karlsruhe ein Zahnrad aus Nikkel entwickelt worden, das gerade 130 Mikrometer Durchmesser aufweist (ein Mikrometer entspricht 1000 Nanometern). Angetrieben durch Luft, rotiert das mikroskopische Zahnrädchen 100 000mal pro Minute. Oder: An verschiedenen US-amerikanischen Hochschulen, an denen »Nanotechnologen« ausgebildet werden, kommen Mikrosiebe zum Einsatz, die derart winzig sind, daß sich Bakterien darin verfangen. Der Technologie dieser Liliputmechanik wird eine große Zukunft vorausgesagt. Man verwendet sie zum Filtern von Gasen, in mikroskopischen Robotern oder in der Medizin. Bald wird es Herzschrittmacher in Nanotechnologie geben, künstliche Bauchspeicheldrüsen oder Nanoreiniger, die durch die Blutgefäße fahren und Verkalkungen herausfräsen. Ziel dieser Nanotechnologie sind allerkleinste elektronische und mechanische Geräte, die überall eingeschleust werden können.

Mit der Miniaturisierung im Computerwesen und der Nanotechnologie werden »Von-Neumann-Maschinen« machbar, die gerade mal die Größe eines Tennisballs aufweisen und über eine Nutzlast von 100 Gramm verfügen. Solche »Tennisbälle« ließen sich bereits heute vom Mond oder aus einem Orbit zu den nächsten erdähnlichen Planeten katapultieren. Sie könnten Geschwindigkeiten von bis zu 50 Prozent der Lichtgeschwindigkeit erreichen und uns ihre Informationen zur Erde funken. Zudem vermehren sich die »Von-Neumann-Tennisbälle« dort draußen erheblich schneller als eine altertümliche »Von-Neumann-Maschine«. Ohne daß es die Öffentlichkeit erfährt, machen sich verschiedene Gruppen von Raumfahrttechnikern darüber sehr gründliche Gedanken.[78, 79, 80] Und die Kosten? Das Apollo-Programm der NASA verschlang rund 100 Milliarden Dollar. Und zur Zeit beträgt der Verteidigungsetat allein der USA jährlich 500 Milliarden Dollar. Demgegenüber sind die Kosten einer »Miniatur-von-

Neumann-Maschine« geradezu lächerlich, denn der ganze Aufwand betrifft nur eine – die erste – Apparatur.

Würde eine »Von-Neumann-Maschine« 50 Jahre nach Erreichen ihres ersten Ziels damit beginnen, Kopien herzustellen, so könnten diese in weiteren 50 Jahren zu neuen Ufern aufbrechen. Unterstellen wir, die »Ableger« würden zu denjenigen Sonnensystemen aufbrechen, die rund zehn Lichtjahre entfernt sind, so bedeutet dies eine Ausbreitungsgeschwindigkeit von zehn Lichtjahren pro 60 Jahre. Da unsere Milchstraße einen Durchmesser von etwa 100 000 Lichtjahren aufweist, würde eine Kolonisierung mit »Von-Neumann-Maschinen« etwa 600 000 bis 700 000 Jahre dauern. Oder – je nach Geschwindigkeit – das Doppelte beziehungsweise Dreifache. Selbst wenn die Ausbreitung zehn Millionen Jahre dauert, ist dies gerade mal ein Tausendstel des Alters unserer Milchstraße. Denn die hat zehn Milliarden Jahre auf dem Buckel.

Weshalb aber überhaupt mechanische Strukturen ins Weltall hinausjagen, wenn es doch noch leichter geht?

Wie jedes Lebewesen ist schließlich auch der Mensch eine »sich selbst reproduzierende Apparatur«. Diese »Apparatur« läßt sich herunterverkleinern bis zur Zelle. Jede Zelle enthält die komplette DNS, die zum Aufbau des gesamten Körpers notwendig ist. Weshalb also komplizierte Technologien ins Weltall hinausschicken, wenn es doch mit der mikroskopischen DNS genauso geht? Menschliche DNS läßt sich sowohl langsam als auch schnell im Universum verbreiten. Bei der langsameren Variante katapultiert man kleinste Behälter, kaum größer als Stecknadeln, zu den in Frage kommenden Planeten, oder man infiziert einen bestimmten Sektor der Milchstraße damit. Etwa so, wie der Bauer die Saat über ein Feld streut. Trifft die Saat auf ungeeigneten Boden – Sand, Eis, Fels oder gar Wasser –, wird sie nie aufgehen. Fällt sie auf geeigneten Grund, wird sie sich entwickeln. Die gesamte Information steckt bereits in der DNS des Saatkorns.

Gezielt könnte man die DNS auf einem Laserstrahl reiten lassen und punktgenau auf die geeigneten, erdähnlichen Planeten richten. Dort käme eine Evolution mit all ihren zwingenden Formen in Gang, wie wir sie von der Erde kennen. Und da das Produkt letztlich ein intelligenter Mensch ist, wird er auch neugierig sein. Die Neugierde zwingt ihn früher oder später zu der Frage: Wie sind wir entstanden? Sind wir allein im Universum? Wie könnten wir Kontakt aufnehmen? Wie uns ausbreiten? Unweigerlich wird er auf den Gedanken der »Von-Neumann-Maschine« stoßen und die Idee einer Maschine so sicher wie das Amen in der Kirche verwerfen. Bis er seine eigene DNS entdeckt und ihm ein Kronleuchter aufgeht.

Unseren Wissenschaftlern, die dauernd davon reden, die Distanzen im Universum seien unüberbrückbar, die Lichtjahre seien eine natürliche Grenze und außerirdische Lebensformen niemals menschenähnlich, diesen Wissenschaftlern ist der Kronleuchter noch nicht aufgegangen. Ihre Egozentrik hindert sie daran zu merken, was offensichtlich ist. Es wimmelt von Leben dort draußen, und auf erdähnlichen Planeten existieren menschenähnliche Wesen. Schlicht und einfach deshalb, weil sie alle Ableger einer Urspezies sind, über die sich (vorerst) nicht groß philosophieren läßt.

Diese Gedanken sind nicht neu, nur scheinen sie kaum einen Astronomen oder gar Wissenschaftsjournalisten zu interessieren. Bereits Ende des vorigen Jahrhunderts hatte der schwedische Chemiker und Nobelpreisträger Svante August Arrhenius (1859–1927) postuliert, das Leben sei ewig, und damit stelle sich die Frage nach dem Ursprung nicht. Natürlich habe auch ein Kreis irgendwo einen Anfang, meinte Arrhenius, doch sobald die Kreislinie geschlossen sei, sei die Frage nach ihrem Anfang hinfällig; sie werde deshalb belanglos, weil sie unbeantwortbar sei. Man müsse, so Arrhenius, an den Anfang des Kreises mit allem Respekt einen Schöpfer setzen oder eben das, was man allgemein mit »Gott« bezeichne. Dem kann ich mich nur bescheiden anschließen.

Vom selben Forscher Arrhenius stammt auch die »Panspermia-Theorie«.[81] Demnach breiten sich die Lebenskeime überall im Kosmos aus – so automatisch und selbstverständlich, wie sich Staub über die gesamte Erde verteilt. Professor Sir Fred Hoyle und der indische Professor N. C. Wickramasinghe, ein Mathematikgenie, untersuchten die Panspermia-Theorie und belegten blitzsauber, wie sich Lebenskeime über Meteoriten im gesamten Universum verteilen.[82] Jeder Astrophysiker weiß, daß im Universum schier ununterbrochen irgendwelche Planetensplitter oder Kometen auf irgendwelchen Planeten einschlagen. Der Effekt? Neue Planetensplitter. Durch den Aufprall eines Meteoriten auf der Erde wird irdisches Gestein ins All geschleudert, schlicht und einfach deshalb, weil die Wucht des Aufpralls so massiv sein kann, daß die kleineren Brocken aus der Erdanziehung herauskatapultiert werden. Und was enthalten diese Felsbrocken? Selbstverständlich auch Lebenskeime! Die Ausbreitung interstellarer Lebenskeime begann bereits vor Jahrmilliarden, und wer sich dieser Einsicht verschließt, wird wohl das berühmte Brett vor dem Kopf haben.

Professor Francis Crick, immerhin Nobelpreisträger und damit wohl auch nicht gerade ein Phantast, ging noch einen Schritt weiter. Er fügte hinzu, eine fremde Zivilisation hätte bereits vor Jahrmilliarden mit Hilfe von Raumschiffen Mikroorganismen ins Weltall schießen können und letztlich das ganze Universum damit infiziert.[83]

Nach der Mitteilung der NASA, man habe primitives

Leben in einem Meteoriten vom Mars entdeckt, kam plötzlich die Frage auf, ob es nicht vielleicht umgekehrt gewesen sei. Ob möglicherweise vor Jahrmilliarden ein Erdsplitter durch einen Meteoriteneinschlag zum Mars gelangt sei und damit den Mars erst mit irdischen Lebensbausteinen infiziert habe. »Sind wir vielleicht die Marsianer?« formulierten kecke Journalisten.

Die Fragerei ist typisch menschlich – es muß *bei uns* begonnen haben – und bringt die Fragesteller nur noch mehr in die Klemme. Wenn die Erde das universelle Leben hervorgebracht hätte, müßte dies bereits vor vier Milliarden Jahren geschehen sein, weil sonst der Mars logischerweise nicht von der Erde »infiziert« worden wäre. Und wäre der Mars infiziert worden, so könnte dies auch auf anderen Planeten geschehen sein. Dementsprechend hätten wir – wenn auch unwissentlich – *unsere* Basisbausteine ins All geschossen, und die Frage, wieso Außerirdische »irdisch« sein können, wäre vom Tisch (gleicher Ursprung). Diese Art von Ratespiel ist aber schon deshalb hirnrissig, weil es nicht bei uns begonnen haben *kann*. Wie Hoyle und Wickramasinghe unwiderlegbar bewiesen, reichte die Zeit dafür nicht aus.[82] Hätte die Erde trotz aller Widersprüche tatsächlich primitives Leben hervorgebracht und den Mars *nicht* infiziert, so würde dies andersherum bedeuten, daß sich Leben zweimal unabhängig voneinander gebildet hätte: auf dem Mars und bei uns. Wenn dies in einem kleinen Sonnensystem wie dem unsrigen gleich zweimal geschehen konnte, muß es in den Weiten unserer Milchstraße millionenfach passiert sein. Eine andere Logik kann nicht gelten.

Nun ist die Erde im Vergleich zur Milchstraße, geschweige denn zu anderen Galaxien, ein junger Planet. Ergo muß es auf Welten, die Jahrmilliarden älter sind als die unsrige und die dementsprechend viel mehr Zeit hatten, komplizierte Lebensformen heranzubilden, von intelligentem Leben nur so wimmeln. Da jene älteren Lebensformen wiederum ein Interesse daran hatten, ihre eigenen Lebensbausteine im Universum zu verbreiten (Nachfolger der »Von-Neumann-Maschinen«), sind wir ihnen oder sie uns ähnlich. So oder so, ob Panspermia-Theorie oder Ausbreitung durch intelligente Außerirdische: Wir sind nie und nimmer allein im Weltall!

Wie die Fachliteratur belegt, sind all dies nicht die Träumereien eines abgehobenen Einzelgängers.[84–88] Bereits vor 20 Jahren berechnete der Astronom James R. Wertz, daß Außerirdische unser Sonnensystem problemlos in Abständen von 7,5 mal 105 Jahren besucht haben könnten; das bedeutet in den vergangenen 500 Millionen Jahren durchschnittlich 640mal.[89] Und Dr. Martin Fogg von der Universität London machte zehn Jahre später darauf aufmerksam, daß die gesamte Galaxis vermutlich schon besiedelt gewesen sei, als unsere Erde gerade Konturen annahm.[90]

Was wissen wir denn schon in unserer »splendid isolation«? In den Gefilden der Science-fiction findet man Wurmlöcher, durch die Raumschiffe mit mehrfacher Überlichtgeschwindigkeit rasen. Da gibt es das »Space-Time-Hypersurfing« oder den in TV-Serien so beliebten »Warp-Antrieb«. Vorerst nichts als Utopien. Wie lange noch? Die NASA schuf eine Arbeitsgruppe, die sich mit diesen Utopien ernsthaft beschäftigen soll. Die »Breakthrough Propulsion and Power Working Group« ist dem »Advanced Space Transportation Programme« der NASA angegliedert. Das Team von Raumfahrtwissenschaftlern, Physikern und Astrophysikern soll die prinzipielle Suche nach derartigen Raumfahrtmöglichkeiten analysieren. Dies selbst dann, wenn sie der »etablierten theoretischen Sichtweise zuwiderlaufen«[91].

Und die integren und klugen Astronomen, die immer

wieder fragen, wo denn diese Außerirdischen sind, wenn es sie angeblich gibt, die sollten den ETs eher dankbar sein, daß sie nicht aufdringlich werden.

Während ich diese Seiten schreibe, meldet die Weltpresse, der Vatikan habe, wenn auch mit 100 Jahren Verspätung, Charles Darwins Evolutionstheorie anerkannt. Noch im Jahre 1950 hatte der damalige Papst Pius XII. in der Enzyklika »Humani generis« (»Vom Ursprung der Menschheit«) verkündet, Darwins Evolutionslehre sei nur als Hypothese zu betrachten. Jetzt richtete Papst Johannes Paul II. eine Botschaft an die Päpstliche Akademie der Wissenschaften, in der Darwins Evolutionstheorie auch den kirchlichen Segen erhielt. Erstaunt liest man:

»Neue Erkenntnisse bringen uns dazu, in der Evolution mehr als nur eine Hypothese zu sehen.« Einschränkend vermerkt der Papst, die Evolutionstheorie gelte nur für den Leib: »Die Seele wird unmittelbar von Gott geschaffen.«[92]

Nach dieser kirchlichen Lesart bestand der göttliche Plan darin, daß »chemische und physikalische Vorgänge ihren Lauf nahmen«. Der Sekretär der Schweizerischen Bischofskonferenz, Nicolas Betticher, präzisierte dies: »Gott sorgte für den Urknall, er schuf Sterne, Wasser, Luft und Sonne. Daraus ergaben sich die ersten Zellen, welche sich zu Amöben, Tieren und schließlich Menschen weiterentwickelten. Der Unterschied zwischen Mensch und Tier besteht darin, daß Gott in die Evolution eingriff, dem Menschen seinen Geist einhauchte und ihn nach seinem Ebenbilde schuf.«[93]

Die superklugen Theologen der römischen Kirche scheinen nicht gemerkt zu haben, daß sie damit das Fundament der biblischen Schöpfungsgeschichte zerschlugen. Was bleibt von der im Paradies begangenen »Erbsünde«, wenn die Entwicklung doch nach Darwinschem Muster ablief? Und wozu ist denn noch eine »Erlösung« durch den eingeborenen »Sohn Gottes« vonnöten, nachdem die »Erbsünde« nie stattgefunden hat?

Übrigens war es nicht Gott, der den Menschen »nach seinem Ebenbilde schuf«, sondern es waren »die Götter« – in der Mehrzahl. So steht es auch im hebräischen Original des Ersten Buches Mose. (Das Wort »Elohim«, das an dieser Stelle in der Genesis verwendet wird, ist ein Pluralbegriff.) Wird jetzt noch das Wörtchen »Götter« durch »Außerirdische« ersetzt, so sitzt der Nagel richtig. Doch diese Erkenntnis wird wohl erst eingestanden, wenn ETs auf dem Petersplatz eine Feier zu Ehren der unendlichen Schöpfung zelebrieren. Dann folgt die Enzyklika »Ad honorem extraterrestris« (»Zu Ehren der Außerirdischen«).

Blasphemie? – Ach, Unsinn! Schließlich bleibt am Ende der Kette die Schöpfung, der grandiose Geist hinter dem Universum. Oder eben: Gott.

FASZINIERENDES NAZCA

Die Fotos mit den Nummern 109 bis 124 sind ergänzende Abbildungen der Sammlung von Dr. Cabrera in Ica, Peru.

Auf den Fotos mit den Nummern 125 bis 144 sind Eindrücke aus der Gegend von Nazca wiedergegeben, die im Text nicht beschrieben wurden. Der Betrachter wird stets auf neue Überraschungen und Ungereimtheiten stoßen.

109 ▷

110

111

112

113

114

115

116

117

118

119

120

121

122

123

124

125

126

127

128

△ 129

130 ▽

131 ▷

134

135

136

137

138

139

140

141

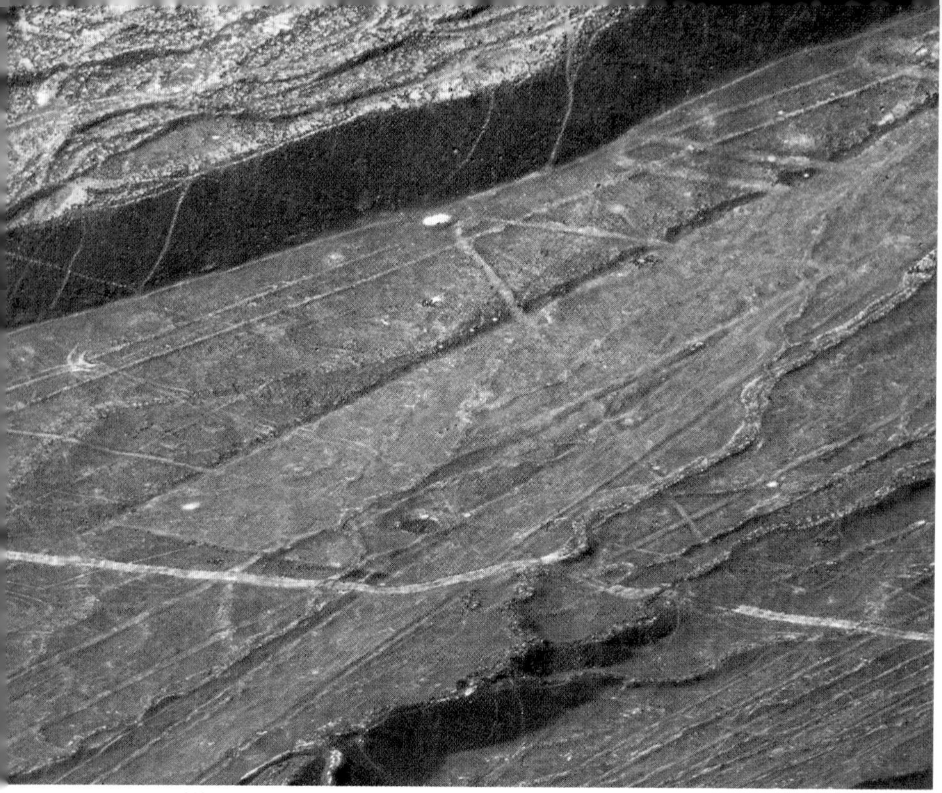

142

143

LIEBE LESERIN, LIEBER LESER

Ein Sachbuch ist etwas anderes als ein Roman. Zwar darf auch der Sachbuchautor phantasieren und theoretisieren, doch zunächst muß er recherchieren. Dies kann Jahre dauern und recht viel Geld kosten. Weder Flüge noch Kameraausrüstung sind gratis, und Büroräume, Mitarbeiter und und und müssen bezahlt werden.

Um so glücklicher darf ich mich schätzen, einige Freunde zu haben, die mir immer wieder selbstlos helfen. Da ist Uli Dopatka, Bibliothekar an der Universität Bern, der mir Mengen von Literatur besorgte. Oder Valentin Nussbaumer, der mich zusammen mit Uli wochenlang bei Dr. Cabrera und in Nazca unterstützte. Nicht zu vergessen Peter Kaschel, ein Studienrat in Recklinghausen. Er besitzt den Mut, das umstrittene Thema »Däniken« im Gymnasium zu behandeln. Zudem durfte ich ihm mein Manuskript zur Korrektur schicken. Oder meine guten Bekannten Dr. Eenboom, Peter Belting und Conny Lübbers, die viel Zeit opferten, um einen antiken Flieger in Form eines flugtauglichen Modells zu realisieren. Dann mein Sekretär Kilian Bohren, der sich in kürzester Zeit in meinem Büro einlebte und sich inzwischen längst daran gewöhnt hat, einen aufregenden Betrieb auch ohne meine

Präsenz zu führen. Und last but not least meine Frau Elisabeth, die viel Geduld und Verständnis für meine Arbeit zeigt, obwohl ich so selten zu Hause bin.

Ihnen allen gilt mein Dankeschön nicht als Verpflichtung, sondern als Gebot des Herzens.

Und an Sie, verehrte Leserin, verehrter Leser, habe ich eine Bitte. Wenn Sie das Thema interessiert, dem ich mich seit nunmehr über 35 Jahren widme, dann verlangen Sie doch bitte eine Gratisinformation über die »Ancient Astronaut Society«. Dies ist eine internationale Gesellschaft, die alle zwei Monate ein reichhaltiges vierfarbiges Magazin herausgibt. Dort erfährt man stets das Neueste zur Thematik der Außerirdischen, doch auch, wo Kongresse und Meetings stattfinden oder wann ich eine kleine Reisegruppe zu lohnenden Zielen führe. Eine Postkarte mit Ihrem Absender genügt. An: AAS, Postfach, CH-3803 Beatenberg [E-Mail: aasworldwide@access.ch; Information über WWW: http://www.access.ch/aas].

Nazca ist *eines* der großen Rätsel unserer Welt. Es gibt andere, und zwar auf allen fünf Kontinenten. Sie sind aber nur wenigen Menschen zugänglich. Lediglich eine winzige Minderheit der Erdbewohner hat die Möglichkeit, Reisen in ferne Länder zu unternehmen, feuchte Dschungelgebiete zu besuchen oder Ziele in ausgetrockneten Wüsten anzusteuern. Es gibt für die Jugend noch viel zu erforschen, doch erst die Fragezeichen führen zu möglichen Lösungen.

Wir möchten vielen Menschen die Gelegenheit verschaffen, die großen Rätsel dieser Welt dreidimensional, lebendig und interaktiv zu studieren. Dazu planen wir einen Erlebnispark, der in den kommenden Jahren in Interlaken im Berner Oberland entstehen wird. Eine Stiftung ist ins Leben gerufen worden, und eine kompetente Projektgruppe arbeitet daran. Wie *Sie* dabei mitmachen können erfahren Sie in einem ausführlichen Prospekt, den ich Ihnen gerne gratis zuschicke. Bitte schreiben Sie an: Erich von Däniken, CH-3803 Beatenberg.

Mit freundlichen Grüßen

Erich von Däniken

LITERATURVERZEICHNIS

1 Mejia Xesspe, Toribio: Acueductos y caminos antiguos de la hoya del Rio Grande de Nazca. Actas y Trabajos Cientificos des XXVII Congreso 1939, Vol. 1. Congreso International de Americanistas, Lima, S. 559–569, 1940

2 Kosok, Paul: The Mysterious Markings of Nazca. »Natural History«, Vol. LVI, 1947

3 Kosok, Paul, and Reiche, Maria: Ancient Drawings on the Desert of Peru. »Archaeology«, Vol. II, 1949

4 Reiche, Maria: Geheimnis der Wüste. Stuttgart o. J.

5 Däniken, Erich von: Erinnerungen an die Zukunft. Düsseldorf 1968

6 Légare, Félix: Les lignes de Nazca, Trop belles pour être vraies. »La Revue Québec Science«, 1995

7 Däniken, Erich von: Zurück zu den Sternen. Düsseldorf 1969

8 Däniken, Erich von: Meine Welt in Bildern. Düsseldorf 1973

9 Däniken, Erich von: Habe ich mich geirrt? München 1985

10 Gomez, Marcela: El Misterio de la Pampa. In: Magazin »Aboard«, Aero Peru, Februar 1992

11 Kern, Hermann, und andere mit Bezug auf Reiche, Maria: Peruanische Erdzeichen. München 1974
12 Silverman, Helaine: Beyond the Pampa: The Geoglyphs in the Valleys of Nazca. In: »National Geographic Research and Exploration«. Seiten 435–456. 1990
13 Reiche, Maria: Contributiones a la Geometrie y Astronomia en el antiguo Peru. Lima 1993
14 Däniken, Erich von: Beweise. Düsseldorf 1974
15 Cabrera-Darquien, Janvier: El Mensaje de la Piedras Grabadas de Ica. Lima 1976
16 Gentes, Lutz: Die Wirklichkeit der Götter. Raumfahrt im frühen Indien. München/Essen 1996
17 Risi, Armin: Gott und die Götter. Das vedische Weltbild revolutioniert die moderne Wissenschaft, Esoterik und Theologie. Zürich/Berlin 1995
18 Datierung des Geographischen Instituts der Universität Zürich-Irchel vom 16. Juli 1996 sowie Brief von Dr. Waldemar A. Keller vom selben Tag
19 Freyburg, Ernst: Mineralogische Untersuchung an Feststein- und Tonfigurproben aus Peru. In: »Scientific Ancient Skies«, Band 2, 1995
20 Bürgin, Luc: Burrows' Cave – eine sensationelle Entdeckung in Amerika? In: Fremde aus dem All. München 1995
21 Burrows, R., and Rydholm, F.: The Mystery Cave of many Faces. Marquette 1992
22 Scherz, J., and Burrows, R.: Rock Art Pieces from Burrows' Cave. Marquette 1992
23 (Japanischer Titel nicht lesbar) Copyright bei Kodansha, Japan, NDC 210 o. J.
24 Entre tiestos y restauradores. In: »El Comercio«, 23. Mai 1996
25 Dougherty, Cecil N.: Valley of the Giants. Clebirne, Texas, 1971 (mit mehreren ergänzenden Neuauflagen)

26 Blumrich, Joseph, F.: Kasskara und die sieben Welten – Weißer Bär erzählt den Erdmythos der Hopi-Indianer. Düsseldorf 1979
27 Sioux Chief White Wolf, in: »Ancient Skies«, Vol. 23, Nr. 1, Highland Park, Illinois, 1996
28 Thompson, Richard, und Cremo, Michael A.: Verbotene Archäologie. Essen 1994
29 Geisterzeichen in der Tiefe. In: »Der Spiegel«, Nr. 50, 1996
30 Tasche mit Asche. In: »Der Spiegel«, Nr. 19, 1996
31 Spektakulärer Fund von Skulpturen in Westaustralien. In: »Neue Zürcher Zeitung« vom 23. September 1996
32 Däniken, Erich von: Reise nach Kiribati. Düsseldorf 1982, Seite 170
33 Däniken, Erich von: Der Tag, an dem die Götter kamen. München 1984, 1. Kapitel
34 Schreiber, Katherine, und Lancho Rojas, Josué: Los puquios de Nazca: un sistema de galerias filtrantes. In: »Boletin de Lima«, Nr. 59, September 1988
35 Rossel Castro, Alberto P.: Sistema de irrigacion antigua de Rio Grande de Nazca. In: »Revista del Museo Nacional«, Lima, Tomo XI, No. 2, 1942
36 Aveni, Anthony: The Lines of Nazca. In: »Memoirs of the American Philosophical Society«. Vol. 193, 1990
37 Clarkson, Persis B., und Dorn, Roland I.: New Chronometric Dates for the Puquios of Nazca, Peru. In: »Latin American Antiquity«, Vol. 6. No. 1, 1995
38 Acueductos y caminas antiguos de la hoya del Rio Grande de Nazca. Actas y Trabajos Cientificos del XXVII Congreso 1939, Vol. 1, Congreso International des Americanistas, Lima, Seiten 559–569
39 Warwick, Bray: Under the skin of Nazca. In: »Nature«, Vol. 358, 2. Juli 1992

40 Das Alter der Nazca-Scharrbilder. In: »Neue Zürcher Zeitung«, 2. September 1992
41 Aveni, Anthony F., and Silverman, Helaine: Between the Lines. Reading the Nazca Markings as Rituals Writ Large. In: »The Sciences«, The New York Academy of Sciences, Juli/August 1991
42 Mason, Aldon J.: Das alte Peru. Eine indianische Hochkultur. Zürich 1957
43 Waisbard, Simone: Nazca – Zeichen in der Wüste. In: Die letzten Geheimnisse unserer Welt. Stuttgart 1977
44 Forward, Robert L.: Ad Astra! In: »Journal of the British Interplanetary Society«, Vol. 49, Seiten 23–32, 1996
45 Matloff, Gregory L.: Robosloth – A slow interstellar Thin-Film Robot. In: »Journal of the British Interplanetary Society«, Vol. 49, Seiten 33–36, 1996
46 Coe, Michael D. (Herausgeber): Die Nazca-Scharrbilder. München 1986
47 Kottmann, Albrecht: Uralte Verbindungen zwischen Mittelmeer und Amerika. Gleiche Maßeinheiten beidseits des Atlantiks. Stuttgart 1988
48 Hadingham, Evan: Lines to the Mountain Gods. London 1987
49 Isbell, William H.: Die Bodenzeichnungen Altperus. In: »Spektrum der Wissenschaft«, Dezember 1978
50 Tributsch, Helmut: Das Rätsel der Götter – Fata Morgana. Frankfurt/Main 1983
51 Kanjilal, Dileep Kumar: Vimana in Ancient India (Aeroplanes or Flying Machines in Ancient India). Übersetzt von Julia Zimmermann. Bonn 1991
52 Stierlin, Henri: Nazca, la clef du mystère. Paris 1982
53 Ist das Liniensystem in der Nazca-Ebene eine Landkarte? In: »Vorarlberger Nachrichten«, 16. Mai 1981, Bregenz

54 Waxmann, Siegfried: Unsere Lehrmeister aus dem Kosmos. Ebersbach 1982
55 Galicki, Wolf: The Nazca Desert »Chart«. Denman Island, B. C., 1978
56 Breunig, Georg A. von: Nazca: A pre-Columbian Olympic Site? In: »Interciencia«, Vol. 5, Nr. 4, 1980
57 Breunig, Georg A. von: Nazca, A gigantic Sports Arena? A new Approach for explaining the Origin of the Desert Markings in de Basin of Rio Grande in Southern Peru. University of Northern Colorado, Museum of Anthropology, o. J.
58 Ditfurth, Hoimar von: Warum der Mensch zum Renner wurde. In »Geo«, Nr. 12, Dezember 1981
59 Hawkins, Gerald H.: Die Bodenzeichnungen Altperus: In: »Spektrum der Wissenschaft«, Dezember 1978
60 Woodmann, Jim: Nazca. München 1977
61 Morrison, Tony: Das Geheimnis der Linien von Nazca. Basel und Stuttgart 1987
62 Feder, Kenneth L.: Frauds, Myths and Mysteries. Science and Pseudoscience in Archaeology. Central Connecticut State University o. J.
63 Däniken, Erich von: Der Jüngste Tag hat längst begonnen. München 1995
64 »Kebra Negest«, 23. Bd., 1. Abt.: »Die Herrlichkeit der Könige«. Abhandlungen der Philosophisch-Philologischen Klasse der Königlich-Bayrischen Akademie der Wissenschaften
65 Laufer, Berthold: The Prehistory of Aviation. In: Field Museum of Natural History, Anthropological Series, Vol. XVIII, No. 1, Chicago 1928
66 Bopp, Franz: Ardschuna's Reise zu Indra's Himmel. Berlin 1824
67 Däniken, Erich von: Der Götter-Schock. München 1992

68 Roy, Chandra Protap: The Mahabharata, Drona Parva. Kalkutta 1888
69 König, Viola: Die Wiederentdeckung des Goldes. In: G.E.A.S. No. 5, Oktober 1996
70 Herzog, Th.: Vom Urwald zu den Gletschern der Kordilleren. Stuttgart 1913
71 Pucher, Leo: Ensayo sobre el arte prehistorico de Samaipata. San Francisco 1945
72 Nordensköld, E.: Meine Reise in Bolivien. In: »Globus«, Bd. 97, 1910
73 Trimborn, Hermann: Archäologische Studien in den Kordilleren Boliviens. Bd. 3, Berlin 1967
74 Wieder Spuren von Leben in Stein vom Mars entdeckt. In: »Welt am Sonntag«, Nr. 41, 6. Oktober 1996
75 »Der Spiegel«, Nr. 33, 1996: Die Funde passen ins Bild
76 »Planeten-Brut aus dem Urnebel«, in: »Der Spiegel«, Nr. 22, Jahrgang 1993
77 Burks, Arthur W.: Theory of Self-Reproducing Automata, by John von Neumann, edited and completed. University of Illinois Press, 1966
78 Tiesenhausen, Georg von, und Darbo, Wesley A.: Self-Replicating System – A System's Engineering Approach. NASA technical Memorandum TM-78304, Marshall Space Flight Center, Alabama, Juli 1980
79 Signorini, Jacqueline: How a SIMD machine can implement a complex cellular automation? A case study of von Neumann's 29-state cellular automation. Supercomputing 89, ACM Press, 1989
80 Klafter, Richard D., Chmielewski, Thomas, and Negin, Michael: Robotic Engineering: An Integrated Approach. Prentice Hall 1989
81 Crick, F. H., und Orgel, L. E.: Directed Panspermia. In: »Icarus«, Nr. 19, London 1973

82 Hoyle, Fred, und Wickramasinghe, N. C.: Die Lebenswolke. Frankfurt/Main 1979
83 Crick, Francis: Das Leben selbst. Sein Ursprung, seine Natur. München und Zürich 1981
84 Merkle, Ralph C.: Molecular Nanotechnology. In: Frontiers of Supercomputing – II: A National Reassessment. University of California Press 1992
85 Merkle, Ralph C.: Two Types of Mechanical Reversible Logic. In: »Nanotechnology«, Vol. 4, 1983, Seiten 114–131
86 Drexler, Eric K.: Molecular Engineering: an approach to the development of general capabilities for molecular manipulation. In: National Academy of Sciences, USA, 78, Seiten 5275–5278
87 Merkle, Ralph C.: A Proof About Molecular Bearings. In: »Nanotechnology«, Vol. 4, 1993, Seiten 86–90
88 Merkle, Ralph C.: Self Replicating Systems and Molecular Manufacturing. In: »Journal of the British Interplanetary Society«, Vol. 45, 1992, Seiten 407–413
89 Wertz, James R.: The Human Analogy and the Evolution of Extraterrestrial Civilisations. In: »Journal of the British Interplanetary Society«, Vol. 29, Nr. 7/8, 1976
90 Fogg, Martin J.: Temporal Aspects of the Interaction among the First Galactic Civilisations. The Interdict Hypothesis. In: »Icarus«, Vol. 69, 1987
91 Fiebag, Johannes: Völlig abgehoben? In: »Ancient Skies«, Nr. 6/1996, 20. Jahrgang
92 Der Mensch stammt doch ab. In »Focus«, Nr. 44, 1996
93 Darwin ja – aber Gott sorgte für den Urknall. Aus: »Der Blick«, Interview von Susanne Stettler, 28. Oktober 1996

ABBILDUNGSNACHWEIS

Valentin Nussbaumer, Zürich: Abbildungen Nr. 27, 28, 29, 44, 45, 52, 66, 67, 114, 123, 124
Willi Dünnenberger, Quito: Abbildungen Nr. 83, 89
Torsten Sasse, Berlin: Abbildungen Nr. 85 bis 89
Jaime Bascur, Santiago de Chile: Abbildungen Nr. 90
Alle übrigen Abbildungen: Erich von Däniken, Beatenberg